Vitus Theodorus

Christliche, ware und tröstliche Auslegung

etlicher der schönsten, lieblichsten, und tröstlichsten Sprüche S. Johannis

Vitus Theodorus

Christliche, ware und tröstliche Auslegung
etlicher der schönsten, lieblichsten, und tröstlichsten Sprüche S. Johannis

ISBN/EAN: 9783743647930

Hergestellt in Europa, USA, Kanada, Australien, Japan

Cover: Foto ©Lupo / pixelio.de

Weitere Bücher finden Sie auf **www.hansebooks.com**

Petrus ist wÿtbr-
ñz K zu dennemarcÿ k[...]
Anno 15.6.5. floÿ iey denne
boch ÿ köben haffn den =3. apr[...]
ÿs den ÿd der war Krÿch ÿ
mellum danmarch och swerrick
hud vnlle mey der y all tepÿ[...]
hud wÿ erre och meru seh wÿ
| det beste amen

Christliche:

Ware: vnd tröstliche auslegung etlicher der schönesten / lieblichsten / vnd tröstlichsten Sprüche S. Johannis.

Welche der Ehrwirdig Herr Veit Dieterich kürtzlich vor seinem / aus diesem zeitlichen Leben / abscheid / allen fromen Christen zu nutz / trost / vnd seligem Valete zu schreiben dictirt hat.

1565.

D. Sydelin.

Symbolum:

F: S: R: D:

Mein Hoffnung Zu Gott Allein.

Dem Ehrenuesten
vnd achtbarn Herren N.
Meinem günstigen Herren vnd Freunde.

Gottes Gnad vnd friede in Christo zuuor. Günstiger lieber Herr/Mir zweiffelt nicht/ es wird euch der Bote etwas erschreckt haben/ der bey mir am Sontag nach Liechtmeß gewest/ vnd meine not gesehen/ vnd euch hernach angezeigt hat. Was aber

A ij   Got=

Gottes rat vnd wille sey/ das er mich lenger also schwach vnnd elend auff Erden haben wil/ befilhe ich seiner gnad/mit hoffnung / es sol zu etwas gut sein.

Sonderlich aber ist es gewis/ wie S. Paulus saget ij. Corinth. j. Das Gott für mein Person mich dazu hat wöllen füren vnd leiten / das ich mein vertrawen nicht stellete auff mich selbs / Sondern auff Gott / der die todten aufferweckt. Denn dis ist das rechte stündlein / da man eigentlich lernet/was vns mangelt / vnd woran es vns feilet / Das wir
eis

einen andern Fürsprecher vnd Helffer müssen habē/ denn Petrus vnd Paulus/ Maria vnd Johannes/ vnd alle Heiligen sind. Denn da erfaren wir/ das der Himel allen Menschen verschlossen/ vnd allein durch den Son Gottes geöffnet ist. Darumb S. Paulus recht saget/ Gott lere durch todes not/ das wir auff vns selbs vnser vertrawen nicht stellē. Denn wir finden in vns / Ja in allen Heiligen die je vnd je gewesen / keine hülffe noch rettung/ wenn wir aus diesem leben in jenes ewiges Leben wanderen müssen.

Das allein thut es/ das wir wissen/ das Gott der Vater vnsers HErrn Jhesu Christi/ wie S. Paulus saget/ die todten aufferwecket/ vnd vns von dem tod erlöset hat/ vnd noch teglich erlöset/ Derhalben wir hoffen/ Er werde vns auch hinfürt erlösen/ durch hülffe der fürbitte Jhesu Christi für vns.

Weil denn Gott seine gnade in dem mir bewiesen hat/ das er mich lenger bey meiner Kirch vnd Hausgesind wil habē/ Erkenne ich mich schuldig seiner gnade zu dancken/ auch andern zur dancksagung vrsach zu geben/

ben. Habe derhalb diese Sprüche durch euch vnser Christlichē Kirchen wöllen fürbilden/ dem HErrn Christo vnserm erlöser vnd Gott zu ehren/ vnd denen/ die sie lesen zur besserung.

Wie die Welt mit Gottes wort heutiges tages vmbgehe/ ist leider für augen. Allerley andern Trost nimpt sie an/ Aber den einigen rechten trost/ welcher vom Himel ernider komen ist/ nimpt sie nicht allein nicht an/ sondern verfolget vnd lestert jn/ Sonst solt ja dem HERRn Jhesu Christo sein Testament vnd letzter wille im austeilen des Heiligen Sacraments vnuerruckt bleiben/ Man solte vber ehelicher zucht halten/ aller vnzucht wehren/ Vnd die Gewissen durch Menschen gebot nicht beschweren/ sondern bey Gottes befehl bleiben lassen/ vnd nichts dawider handeln. Aber vnsere sünde/ vnd die grosse vndanckbarkeit gegen das liebe Wort haben solchen jamer verdienet.

Der allmechtige Gott/ wölle vmb seines Sons Jhesu Christi willen/ durch seinen heiligen Geist/ sein Wort rein vnd lauter erhalten. Vnd wöllet euch diese

diese Trostsprüche lassen befohlen sein/ Sie halten in der not/ wie eine eisere mawer/ ich habs erfaren. Damit Gottes gnaden befolhen/ sampt ewer lieben Hausfrawen.

E. W.

Vitus Dieterich.

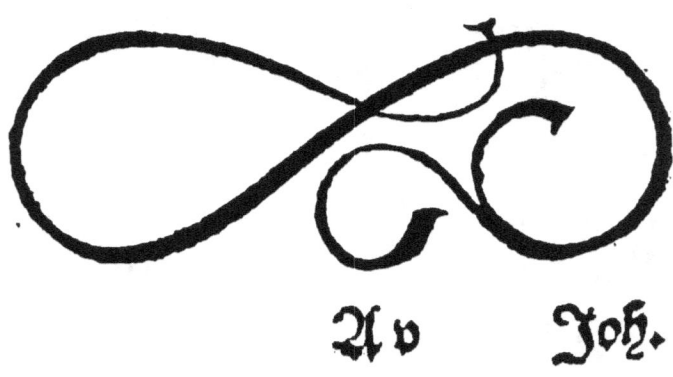

A v   Joh.

Johannis iij.

Niemand fehret gen Himel/den der vom Himel ernider komen ist/ nemlich/ des Menschen Son/ der im Himel ist. Vnd wie Moses in der wüsten eine Schlange erhöhet hat/Also mus des menschen Son erhöhet werden / Auff das alle die an jn gleuben nicht verloren werden/

den/ sonder das ewige Leben haben.

Dieses ist auch der fürnemesten Sprüche oder Predigt eine/ in welcher wir beides sehen vnd lernen/ Wer erstlich wir sind/ in was jamer vnd not/ wir vmb der sünden willen/ stecken. Darnach wer Gott sey/ das er gnedig sey/ vnd durch seinen eingeboren Son vns den Himel vnd Weg zum ewigen Leben geöffnet habe/ vnd wie solches geschehen sol/ vnd

vnd auff was weise wir dazu komen mögen.

Erstlich meldet je vnser HERR Jesus Christus selbs/ das der Himel sey Gottes wohnung / da nichts denn leben/ freude vnd seligkeit ist.

Zum andern / Stellet Christus beides neben ein ander/ Helle vnd Himel/ tod vnd leben/ zorn vnd gnade / Vnnd schleusset diesen harten Spruch/ Niemand fehret gen Himel/ das ist/ Der Himel ist vnd bleibet allen Sündern verschlossen Denn da gehören frome Leute hin/

hin/welche Gottes willen thun/ vnd sein Wort halten / welche vnstrefflich vnd heilig sind.

Aber da hat es den mangel mit vns allen/ das wir elende/ arme Sünder sind/ vnd vmb der sünden willen/ Gottes zorn vnd ein böses gewissen tragen müssen. Da heist es den/ Niemand fehret gen Himel. Alle mit ein ander gehören wir vnser verderbten natur halb in die helle/ vnd ewiges verdamnis/ da ist kein Mensch/ der sich oder andere schützen/ vnd dawider retten köndte.

In solchem jamer stecken wir

wir alle/ Sollen derhalben vns
für Gott demütigen / solchen
schaden erkennen / darüber kla-
gen/ vmb gnade bitten /. vnd in
Gottes forcht vns halten / das
wir in sünden nicht beharren/
vnd solches Vrteil / das bereit
auff vns ligt/ durch mehr sünde
nicht schwerer machen. Denn
es ist je kein schertzwort/ das
der Son Gottes selber schleust/
Niemand fehret gen Himel /
auch Maria die Mutter Gottes / Johannes der Tauffer/
S. Peter/ S. Paul nicht.
Denn hie stehets/ Niemand rc.
ausserhalb des HERrn Chri-
sti/

sti / der vom Himel ernider komen ist.

Also spricht S. Paulus Rom. xj. Gal. iij. Gott hat alles beschlossen vnter die sünde / das ist / Alle Menschen / sie heissen wie sie wöllen / haben von natur anders nichts denn Sünde / sind derhalben vnter Gottes zorn / vnd des ewigen todes gericht.

Das merck / vnd bedencke es wol / So wirstu nicht sicher hin leben / wie die Welt / welche allein nach dem zeitlichen trachtet. Du wirst dich des mit ernst annemen / vnd von hertzē darnach

nach seufftzen/ wie dir geholffen müge werdē/ vnd der verschlossen Himel auffgethan.

Dauon leret nu ferner vnser lieber HERR Christus/ welcher/ wie er durch dis hart vrteil schrecket/ Niemand fehret gen Himel. Also tröstet er widerumb/ vnd machet den weg zum Himel weit/breit vnd richtig/des wir nicht mügen feilen/ wen wir selbs wöllen.

Ein schreckliches wort ist es/ Niemand fehret gen Himel. Denn es bedarff nicht disputirens/ es ist eben als viel gesaget/ Alle Menschen gehören
in

in die Helle / sind vnter des
Teuffels gewalt. Wiltu vr=
sach wissen? Sie sind alle sün=
der / So hat Gott den tod ge=
ordnet zur straffe wider die
Sünde. Wo wollen wir denn
aus? Da höre vnd lerne weiter.

    Christus lessets dabey nicht
bleiben / das er spricht / Nie=
mand fehret gen Himel / Son=
dern henget diese wort hinan.
Niemand fehret gen himel/ deñ
der vom Himel ernider komen
ist / nemlich / des Menschen
Son der im Himel ist.

    Wolan / da findet sich ein
Man der in Himel wil/ vnd des

B   der

der Himel eigen ist / als der dar in wohnet / vnd sonst kein ander haus hat / der mit der Welt nichts zu schaffen hat / der in dis zeitlich / elend / jemerlich leben nicht gehöret / der im ewigen liecht vnd leben ist.

Das ist nu der Mensch Jhesus Christus von der jungfrawen Maria mensch geboren / der einige vnd ewige Son des Himelischen Vaters / von dem selbigen stehet hie / Er sey vom Himel ernider komen. Das Wort ist vnser leben vnd seligkeit / vnser hoffnung / trost vnd freude / welche vns in ewigkeit erhalten wird. Denn

Denn wir Menschen ligen hie auff Erden vnter einander/wie in einem Spital/ alle zu mal jemerlich verwundet/vnd tod kranck. Vnd ist allein diese vnterscheid/das etliche jre kranckheit fülen/etliche wie man zu weilen an wahnsinnigen Leuten sihet/für grosser bangheit vnd onmacht jre schwacheit nicht fülen/da ist keiner der jm selbs oder andern köndte helffen.

Wie Esa. liij. geschrieben stehet/Wir gingen alle in der jrre/wie schaffe/ein jglicher sahe auff seinen wege. Das ist so so viel gesagt/ Alle Menschen/ keinen ausgeschlossen / die ohn Christum vnd sein wort wollen jre sü nde ablegen/ vnd den weg gen Himel treffen/ die sind vnd bleiben Sünder/ vnd je mehr sie sich bemühen/ durch eigen verdienst vnd werck/ from vnd gerecht für Gott zu werden/ je mehr sie des rechten weges feilen.

Aber der HErr / spricht der Prophet weiter / warff vnser aller sünde auff jn/ Das ist/ wie der Teuffer diesen Spruch des Propheten auff Jesum der Welt Heiland Joh. j. deutet/
da

da er spricht/ Sihe/das ist Gottes lamb/welches der welt sünde tregt/ Auff in hat Gott vnser aller sünde gelegt/ das ers tragen solte/ vnnd darfür gnug thun/ Das nim mit freuden an/ vnd dancke jm von hertzen dafür/ so sind dir deine sünde vergeben/ bist from vnd gerecht für Gott/ Wiltu sie aber auff dir behalten / tragen vnd dafür bezalen/ so werden sie dir zu schwer sein/ vnd in abgrund der hellen drucken.

Vnd Joh. x. spricht Christus/ Er sey allein der rechte gute Hirt/ durch welchen die

armen

armen Scheflin behütet vnd erhalten werden. Denn da ist kein mittel / alle Menschen gehen wie schaff in der jrre / vnd der Teuffel der Wolff / ist vnter jnen/ Da gehet es gar vngleich zu/ Das Scheflin mus herhalten / vnd da ist kein Erretter. So viel des Schefflins natur vnd vermügen ist / ists mit jm aus / es kan sich wider den Wolff nicht schützen / wie doch der leidige Antichrist vnd sein hauff / auff ertichte werck/ der Heiligen fürbitte / vnd ander jrthumb vnd lügen felsch=
lich weiset/ vnd die armen See-
len

len jemerlich verfüret.

Die einige Errettung aber ist/ das der Son Gottes/ so im Himel ist/ ewiger vnd allmechtiger Gott mit seinem ewigen Vater / vns nicht wil allein auff Erden lassen vnter den Wolffen vnd des Teuffels tyranney. Er kompt zu vns hernider in vnser fleisch/ wird ein mēsch wie wir/auff das er vnser Hirte sein/vnd wider den Wolff vns schützen / vnd vom tod erretten wölle.

Darumb lerne es nur seer wol/ Das niemand gen Himel fehret. Sey derhalb nicht sicher/

er/ denn du bist ein Sünder/ vnd so viel dein eigen vermögen vnd natur belanget/ ist dir der Himel verschlossen. Aber da lerne Gott erkennen/ vnd seiner güte vnnd gnade in ewigkeit dancken/ Das/ wie wir auff Erden sind/ vnd von der Erden/ vnd dem tode/ vmb der sünden vnd vnser verderbten natur willen/ vnterworffen/ Also wil Gott der Himlische Vater vns nicht auff Erden allein bleiben lassen/ Es were sonst mit vns aus/ der Wolff were vns vberlegen/ Darumb schickt er seinen eingeboren
Son

Son hernider vom Himel/ dieweil derselb aus dem Himel ist/ vnd in den Himel gehört / das er vns mit sich neme/ vnd den weg zum ewigen Leben weise/ Des soltu dich trösten. Denn die Welt hat gar ein wüstes/ grewlichs ansehen/ wie das bilde mit dem jrrigen scheflin vnd wolffe gnugsam anzeiget. Derhalb denn wir menschē in steter forcht Gottes leben solten. Aber Gott lob/ hie hören wir/ Gott lesst vns nicht allein / Er sendet seinen Son vom Himel/ das wir rhůmen können / Gott sey bey vns in vnserm fleisch/ das er

B. v   vns

vnser Hirte sey / wider den Teuffel vns schütze/ vnd das ewige Leben schencke/ allen/ die an jn gleuben/ Wie weiter folget.

Wie Moses in der wüsten ein Schlange erhöhet hat/Also mus des menschen Son erhöhet werden / Auff das alle die an jn gleuben/nicht verloren werden/ sondern das Ewige Leben haben.

Hie

Je haſtu die vrſach / warumb der Son Gottes vom Himel hernider auff Erden komen ſey / vnd füret der HErr die Hiſtoria von den Jüden in der wüſten / welche vberaus eigētlich vnd fein anzeiget / Erſtlich den ſchadē vnd jamer / ſo auff vns Menſchen allen zumal ligt / Vnd darnach die gnedige hülffe / welche vns durch Gottes gnade / vmb des Sons Gottes willen widerferet.

Dieſe Hiſtoria ſtehet im iiij. Buch Moſe am xxj. Cap. Da die Jüden murreten / ſeine

wol=

wolthat verachteten / vnd des reisens müde vnd vberdrüssig waren / vnd derhalben wider Gott vnnd Mosen lesterten / straffet Gott dieselbigen sünde also / Das in der wüsten gifftige Schlangen allenthalben sich funden / vnd das Volck bissen / Von solchem bisse ward der Leibe entzündet / vnd folgete der gewisse tod.

Dieses Bilde reimet der HERr Christus auffs gantze menschliche Geschlecht. Denn die Schlange der Teuffel / hat durch die sünde vns gebissen / das wir tödlich vergifft sind / vnd

vnd des todes vns nicht erwehren können. Sol nu vns geholffen werden/ mus es geschehen durch den Son Gottes/ allein durch dis mittel/ das er am holtze oder Creutze sol erhöhet werden/ vnd wir jn ansehen/ Wie die Jüden die ehrnen Schlangen/ welche aus Gottes befehl durch Mosen ward auffgericht/ vnd an einem holtze / das man sehen kunde/ erhöhet ward.

Hie bedencke Gottes wunderbarlichen Rat/ der durch solches mittel/ vns Menschen hat helffen wöllen/ denn gleich
wie

wie Moses muste eine ehrne Schlange machen lassen/ welche abconterfect einer Schlangen / durch aus gleich sahe/ Aber doch nur ein todes bild/ vnd ertz war / vnd kein gifft hatte / War aber darumb am holtz erhöhet / das sie das gifft den Leuten benemen/ vnd vom tod erretten solt.

Also hat es der gnedige Gott im Himel geordnet / das vns elenden Menschen / so durch die sünde tödlich vergifft waren/ solte geholffen werden/ durch seinen eingeboren Son/ welcher vns gleich vnd Mensch ward/

ward/ On das er war / wie die Schlange on gifft / ob er wol einer Schlangen gleich sahe/ das ist/ Der Son Gottes/ wie hie stehet / ist vom Himel hernider komen/ in vnser armes fleisch / vnd wie S. Paulus saget/ vns gleich worden/ aller ding / on das er für sich selbs one sünde gewesen/Aber vnsere sünde auff sich genomen/ vnd sich wie einen Sünder hat richten vnd straffen lassen/ Auff das wir vom Gericht vnd straffe/ welche wir durch die sünde verdienet/ los vnd ledig würden.

Da

Daher spricht S. Paulus Rom: viij. Das dem Gesetze vnmöglich war (sintemal es durch das fleisch geschwecht ward) das that Gott / vnd sandte seinen Son in der gestalt des sündlichen fleisches / vnd verdampt die sünde im fleische durch Sünde / Auff das die gerechtigkeit vom Gesetz erfoddert / in vns erfüllet würde / die wir nu nicht nach dem fleisch wandeln / sondern nach dem Geist.

Gott / spricht er / sandte seinen Son in der gestalt des sündlichen fleisches / das ist /
Der

Der Son Gottes hatte kein ansehen für andere Menschen/ vnd war doch ein Mensch one sünde/ darumb in die Welt gesand/ das durch jn die Sünde auffgehaben vnd bezalet würde.

Wer wil oder kan nu Gottes güte vnd gnad gnugsam loben vnd dancken/ der auff solche weise vns arme Menschen hat helffen lassen / Das sein lieber Son vns hat sollen gleich werden? Hette er doch auff andere weise vns wol helffen / vnd seines Sons verschonen können/ vnd nicht so jemerlich lassen leiden

den vnd sterben. Aber es ist geschehen vns zu sterckerm herlicherm trost / auff das wir der gnaden Gottes gewisser würden / vnd ein festes vertrawen auff Gottes güte vnd gnade fasseten.

Denn vnser aller höchste anfechtunge ist / das wir vmb der sünden vnd böses gewissens willen / vns fur Gott fürchten / vnd jn für vngnedig halten. Wo nu solcher gedancke vber hand nimpt / da ist nichts denn verzweiffelung vnd tod. Derhalben hat der Allmechtige / barmhertzige Gott / vnser lieber Vater

Vater im Himel vns gnug-
sam versichern wöllen seiner
gnaden/ vnd nicht allein seinen
eingeboren Son lassen vom himel hernider zu vns komen/
sondern er hat müssen komen/
in vnser gestalt / vnnd zur
Schlangen werden/welche wol
die gestalt einer rechten natürlichen Schlangen hat/ aber doch
one gifft ist / Ja die krafft hat
sie/ das sie allen denen von der
tödlichen gifft hilfft / welche sie
mit augen ansehen.

So mercke nu dis Bild fleissig / Du sihest/ das der Son
Gottes vom Himel hernider kompt/

kompt/ nicht das er zertlich gehalten werde / sondern weil er vns Menschen gleich ist/ das er am Creutz/ wie die ehrne Schlange erhöhet werde / das ist / das er am Creutz als ein Sündeopffer sterbe / vnd wir durch solchen tod vom ewigen tode errettet werden.

Solches Bildes solten je wir vns trösten / vnd Gott dafür von hertzen dancken / vnd vnserm bösen Gewissen damit wehren. Denn was wil vns sonst trösten/wens dis tröstliche Bilde nicht thut / das der Son Gottes ein Mensch wird wie wir

wir sind? vnnd am holtz des Creutzes sich erwürgen lesst/ vmb vnser Sünden willen. Solch Opffer wird ja Gott (der es selbs also verordnet hat) mehr gefallen vnd angenemer sein/ denn vnsere sünde jn er-zürnen können / So fern wir es mit glauben annemen/ vnd vns sein trösten.

Denn es mus hie zuge-hen/ wie in der wüsten mit der Schlangen. Es war nicht gnug/ das Moses ein Schlan-ge machen liesse/ Es war nicht gnug/ das er sie an einen baum hefftet / vnd an dem selbigen hangen ließ. Die so von den Schlangen gebissen waren/ vnd rettung jres Lebens suchten/ musten hinzu gehen/ jre augen munter auffrichten/ vnd das Bild der Schlangen mit hertzlicher zuuersicht ansehen/ der gifftige vnnd tödliche biß würde jnen vmb Gottes zusage willen/ nicht schaden.

Also sol vnd mus es mit vns auch zugehen. Gott der gnedige Vater im Himel hat das seine gethan/ seines einigen Sons nicht verschonet/ hat jn lassen einen Menschen werden/ gleich wie wir/ vnnd am Creutz ster-

sterben lassen/ vnd für vnser aller sünde also bezalen. Da wil von nöten sein/ so du anders wilt/ das dir geholffen werde/ das du dich zu dieser erhöheten Schlangen findest/ jr nachgehest/ ob sie wol dir nachgangen/ vnd vom himel hernider komen ist/ vnd das du sie ansehest/ Nicht wie eine Kue ein newes thor/ wie man im Sprichwort saget/ Es mus Christus mit rechtem verstand/ vnd wie die Schrifft pfleget zu reden/ in festem glauben angesehen sein/ Das dein hertz gewis schliesse/ Das du durch In von sünde

vnd

vnd ewigem tode erlöset seiest/ wie dir das Euangelium zusaget.

Vnd hie lerne die vnterscheid rechter Christlicher lere/ von der andern verfürischen vnd falschen lere. Im Bapstumb hat man das Messeopffer / der heiligen verdienst vnd fürbitte / Mönchen orden / fasten / sonderlich kleiden erwehlete / tage vnd speise gehalten etc. Solches alles wird von den jrrigen Lerern gerhümet / vnd die Leute dahin gewiesen / das es zu ablegung der sünden / vnd wider den ewigen tod dienlich vnd nütze sey. Aber

Aber das man diese erhö=
hete Schlangen ansehen/ vnd
schlecht durch dis ansehen von
des Satans tödlicher gifft er=
rettet werden sol vnd mus/ da
lereten sie nicht ein wort von.
So wir nu gewis faren sollen/
wo wöllen wir hin? welchen
weg wollen wir wandeln?

Zween Prediger haben wir/
Christus spricht/ Er müsse er=
höhet werden/ wie die Schlan=
ge in der wüsten/ Auff das alle
die an jn gleuben/ nicht verlo=
ren werden/ sondern das ewige
Leben haben. Nu gibt die Histo=
ria fein/ was gleuben sey/ nem=
C v lich/

lich/ wie die Jüden die ehrne Schlangen ansahen/ mit den gedancken vnd zuuersicht/ jnen solt geholffen werden/ Denn also vertröstet sie Gottes wort vnd zusage.

Also heisst gleuben anders nicht/ denn Jesum Christum/ den Son Gottes/ mit solchem hertzen vnd gedancken ansehen/ das er von dem schedlichen Satans gifft/ der sünd vnnd tod durch sein sterben vnd opffer vns geholffen habe/ Solches leret der eine Prediger/ der Son Gottes/ vnser lieber HErr Jesus Christus selbs/ das solches anse-

ansehen das einige mittel sey/ durch welches vns geholffen werde.

Der ander Prediger/ der leidige Bapst vnd sein Hauffe schweigen solchs mittels/ ja verachtens als ein gering ding/ vnd weisen die Leute auff eigene werck vnd verdienst/ dadurch jnen sol geholffen werden. Für diesem schedlichen Wolffe hüte dich/ fliehe seine lere als ein tödliche gifft/ Vnd höre vleissig/ was der Herr Christus/ der die warheit selbs ist/ dauon saget.

Das ansehen sol/ mus/ vnd kan es allein thun/das wir von

von der tödlichen gifft errette
werden. Vnsere gute werck/
Moses mit seinem Gesetze/vnd
wir mit alle vnserm vermögen/
werden es nicht thun/ es würde
es sonst Christus nicht ver=
schweigen.

Nu gedencket er aber hie
keines andern mittels noch
wercks/ Sondern sagt schlecht/
Auff das alle die an jn gleu=
ben / nicht verloren werden/
sondern das ewige leben haben.
So mus solchen worten nach/
ja stracks folgen / das wir
blos vnd allein durch den glau=
ben an Jhesum Christum ge=
recht

recht/von sünden vnd ewigem tod ledig vnd los werden. Trotz dem Teuffel selb in der Helle/ dem Antichrist / seinem Stathalter zu Rom/vnd allen Concilien / das sie es anders machen.

Das ist dieser Spruch von vnserm vrteil / welchs wir vmb der sünde willen alle zu gleich auff vns haben/ vnd der gnade Gottes/ zu welcher wir alle zu gleich beruffen sind. Denn darumb ist des menschen Son erhöhet / auff das jederman jn sehen könne / vnd er vns von der Erden zu sich ziehen/ vnd
von

von seinem Creutz mit jm in den Himel/ in seine selige wohnung vn̄ erbe/ da er von natur halb hingehöret/ füren möge.

Solchs ist/ wie offt gemelt/ Gottes vberschwengliche gnade vnd barmhertzigkeit/ nicht mēschen verdienst oder gute werck/ wie doch im Babstumb felschlich geleret wird/ vnd vnser vernunfft jmerdar jr wil treumen lassen/ wir müssen durch eigen verdienst zu Gottes gnaden komen.

Wol ist es war / das Gott durch sündlich leben erzörnet wird/ vnd die straffe des ewigen tods

tods gehen lesset / vber die vnbusfertigen. Aber wo ist
Schrifft / das wir durch vnsere
werck sünde ablegen/ vnd vom
tode vns helffen möge. Hie aber
stehet es / was die rechte vrsach
sey/ Denn also spricht Christus
weiter / Auff das ja niemand
gedencke/ wir haben durch vor-
gehende gute werck Gott vrsach
gegeben / vns gnedig zu sein/
vnd sich vnser zu erbarmen.

Denn also hat Gott die Welt geliebet/ das er seinen eingeboren Son gab/

gab / Auff das alle di
an jn gleuben/nicht ver
loren werden / sondern
das Ewige Leben ha
ben.

HJE stehet die rechte/eini
ge Heupt vrsach/ Nicht
vnsere werck / nicht di
zehen Gebot / nicht ander Hei
ligen verdienst / sondern allein
das/ das Gott an jm selbs
gnedig vnd barmhertzig ist/
vnd nicht lust hat an der Sün=
der tod/ ja sein lust vnd hertzli=
cher wille ist/ das alle Sünder
den

den erhöheten Christum / wie die Jüden in der wüsten die ehrne Schlangen ansehen/ vnd durch den glauben an jn sollen selig werden. Dauon weiter in der Haußpostilla.

Gott der himlische Vater/ gebe seinen heiligen Geist / das wir den Menschen Jesum Christum / so vom himel hernider zu vns komen ist/ mit rechtem hertzen vnd sehnlichen augen ansehen/ vnd durch jn den weg zum ewigem Leben finden/ Amen.

Christliche

Ware: vnd tröstli-
che Auslegung dieses
Spruchs /
Johannis iiij. Cap.
Christus spricht.

Wer dis Wassers trin-
cket / den wird wider
dürsten / Wer aber des
wassers trincken wird /
das ich jhm gebe / den
wird

wird ewiglich nicht dür-
sten/Sondern das waſ-
ſer/ das ich jm geben
werde/ das wird in jm
ein Brun des waſſers
werden/ das in das E-
wige Leben quillet.

DJeſer Spruch
iſt zu gleich eine
warnung vnd eine
lere/ Welchs das
rechte wort Gottes/ vnd gewiſ-
ſe lere ſey/dadurch wir zur rechten erkentnis Gottes/ vnd zum

D ij ewi-

ewigen Leben komen möge
Vnd ist an dieser vermanur
vnd lere alles miteinander gel
gen / Wo diese lere recht vi
rein ist/ da ist das ewige Lebei
da findet man trost vnd gnad
Widerumb/ wo sie nicht rei
noch gantz ist/da mus sein vn
bleiben/ verzweiffelung vnd to
vnd ist vnmöglich/das man o
dieses liecht/ den weg zum ewi
gen Leben sehen oder finde
müge.

Derhalben sol ein jede
Christ/ mit höchstem fleis sic
darumb annemen/ das er di
Liecht rein vnd lauter möge ha
ben

ben. Denn es ist der einige vnd höchste schatz/ dem der Teuffel sonderlich feind ist/vnd/wie im gleichnis vom Seeman stehet/ sich sonderlich damit bemühet/ das ers den Menschen aus dem hertzen reisse/ wie leider das Exempel für augen ist.

Gott der gnedige Vater/ hat sonderlich zu diesen zeiten solchs Liecht vns angezündet/ vnd eine lange zeit lassen leuchten/ Aber wenig sind/ die es von hertzen annemen/ vnd sich darnach begeren zu halten. Etliche lassen sich hindern durch menschen forcht/ das sie der selben

ben gonst / weil sie dem wort entgegen sind / nicht verschütten / Hoffen also fried / sicherheit / vnd glück durch Menschen gonst zuerhalten. So es doch alles an dem gelegen ist / das vns Gott günstig sey / der kan auch der abgünstigen menschen hertzen brechen / vnd jren zorn vnd wüten seer leichtlich / vnd auff tausenterley wege / wehren / Da dagegen wo Gott erzürnet ist / darumb das man Menschẽ mehr denn jn fürchtet / niemand helffen / noch die straffe abwenden kan.

Solche

Solche anfechtung vnd er-
gernis findet man am meisten/
bey den höhesten Stenden.
Darnach in gemein gehet es
wunderbarlich vnternander/
Da findest du/ wenn mancher
den hundersten teil seiner ge-
dancken/geschickligkeit vñ vleis
auff Gottes wort wendet/welche
er auff seinen Handel/ vnd das
zeitliche leget/ so würden es seer
feine Christen sein. Aber da gehen sie hin / achten des Worts
nicht/ gedencken / sie bedürffen
sein nicht wenn sie gelt vnd gut
haben/so haben sie es gar.Vnd
diese werden in der Welt/ für
 D iiij   sein-

feine/ frome / vnd für die weisesten gehalten / die sich vmb ehre vnd erbarkeit annemē/ vnd gedencken durch jrē vleis etwas zu erlangen / für anderen Leuten/ Wie sie denn auch die geschickligkeit haben.

Aber darnach ist aller erst der grosse Seuhauff/ welcher mit fressen vnd sauffen/ mit vnzucht / mit rumoren vnd balgen / mit schelten vnd fluchen vmbgehet/ vnd der Kirchen gar nichts achtet. Das also die gemeineste anfechtung in der welt diese ist/ Das der wenigste teil nach Gottes wort fraget/ vnd
sich

sich mit ernst darumb annimet. So doch die ewige seligkeit an dem allein gelegen ist / wo wir Gottes wort recht vnd rein haben / Welches wir aus diesem Spruch lernen können / von vnserm Herrn Christo / welcher Gottes warheit ist / Vnd niemand / der jn gleubet betriegen / oder jn verfüren kan.

Es ist aber solcher vnterricht darumb deste nötiger / das es ein schwer vnd hohes vrteil ist / die rechte Lere von der vnrechten zu vnterscheiden. Nicht der lere halben / das sie so dunckel oder vnuerstendlich sey /

D v denn

denn Christus selbs nennets ein feines Liecht / das fein öffentlich leuchtet / vnnd sich sehen lesst. Sondern die schuld ist vnser eigen vernunfft / welche (gleich wie die Menschen / so blöde augen / vnd ein schwach gesicht haben / das helle Liecht nicht leiden können / vnd von der Sonnen glantz geblendet werden) die warheit nicht sehen kan / vnd dem schatten nachgehet. Denn die vernunfft ist ein angeborn liecht / durch welches wir erkennen / was zu dem eusserlichen Leben nutz vnd not / ehrlich vnd löblich ist. Daher man

man sihet / das auch die Heiden / so Gottes wort nicht gehabt haben / dennoch von ehrlichem / burgerlichem wandel vnd tugenden seer fein geschrieben / die Leute darzu vermanet / Widerumb die sünde vnnd laster hart gestrafft / vnd die Leute dauon abgewiesen haben.

Daher saget der Heilig Paulus Rom. ij. Ob wol die Heiden die zehen Gebot nicht haben geschrieben gehabt / auff steinern tafeln / wie die Jüden / noch mündlich hören gebieten / So sind sie doch in jrem hertzen geschrieben / Denn sie selbs
mit

mit jren gedancken/ fellen das vrteil vber sich selbs/ ob sie recht oder vnrecht gethan haben. Solchs liecht der vernunfft/ machet viel Menschen jrre/das sie dencken/ Weñ sie dem selben volgen/ sich ehrlich vnd züchtig für der Welt halten/ haben sie gnug zum Ewigen Lebben/ vnd GOtt fodderte ferner nichts/ er sey mit solcher eusserlichen Zucht zu frieden.

Daraus folget denn das ergernis/ Ob sie gleich das Euangelium vom glauben an Christum hören / das sie es als eine törichte Predigt verachten/ vnd

vnd bey solcher Weltweisheit bleiben / wie S. Paulus saget/ Das die Heiden oder Griechen am Euangelio sich ergern/ vnd es für eine kindische / nerrische Lere halten.

Solch ergernis ist aber weit schwerer vnd gemeiner bey denen/ so Gottes wort haben/ vnd sich als die rechte Kirche rhümen / Wie die Jüden gewest / welche die zehen Gebot vom Himel herab haben gehöret/ Vnd wir Christen wissen vnd gleuben solches auch. Derhalben ist dieser Grund gewis/ das die zehen Gebot / das ware/

re/ gewisse wort Gottes sey/ welchs allen Menschen darumb sey offenbaret/ das es Gott von jnen wil auff das reinest vnnd beste gehalten haben.

Auff diesen Grund bawet der grösste teil der Welt/ vnnd gedenckt/ Wer Gottes gebot helt/ der habe schon den Himel/ vnd feile jnen ferner nichts an der seligkeit. Da zu hilfft nu die verheissung vnnd straff/ das Gott spricht/ Er wölle denen ins tausend Glied gutes thun/ die seine Gebott halten/ Aber ins dritte vnnd vierde Glied straffen/ die es vbertretten.

So

So sihet man wie heutes tags/ der Bapst vnd sein Hauff vnser Lere ansicht vnnd verdampt/ das wir sprechen/ Der Glaube allein mache gerecht. Denn gerechtigkeit vnd leben/ kan man nicht von einander scheiden / eben als wenig / als sünd vnd tod/ wo eines ist/ mus von natur wegen das ander auch folgen. Nu spricht Christus / da der Schrifftgelerter/ die summa des Gesetzes erzelet/ Thue das/ so wirstu leben. Aus diesem schleusset vnser Widerteil/ Das gesetz vnd gute werck/ bringen leben vnd gerechtigkeit
mit

mit sich / Verdamnen der ha
ben vnser lere/ das allein d[e]
glaube an Christum gerecht
lebendig vnd selig mache.

Solch ergernis ist itzt son[n]
derlich seer gemein/ vnd ist men[-]
schlicher vernunfft vnmüglic[h]
es zu oberwinden / Denn d[er]
Grund ist da/ Gott hat die z[e]-
hen Gebot befolhen / vns wil[l]
gehalten haben / Vnd wer si[e]
helt/ der weis das er recht thuet[.]
Wers aber nicht helt/ weis da[s]
er vnrecht vnnd wider Go[tt]
thuet. Derhalben stunden d[ie]
Jüden fest drauff/ vnd verac[h]
teten Christum mit seiner Pr[e]

digt auff das höchste/ vnd hielten jn für einen Lesterer/ wenn er saget/ Man müste an jn gleuben/ vnd durch jn selig werden/ mit Mose würden sie von sünden nicht ledig.

Gleich wie heutes tags/ der Bapst vnd sein Hauffe vns auch schelten. Denn die armen blinden Leute sehen nicht woran der mangel ist/ Es mangelt nicht an dem Gesetz/ das ist heilig/ recht vnd gut/vnd Gottes vnwandelbarer vnd ewiger wille/Derhalben kan man dem Gesetz keine schuld geben. Aller mangel ist an vns Menschen selbs/

ſelbs / wie S. Paulus Rom. vij. vnd viij. zeuget / Das wir das Geſetz ſchwechen / in dem/ das wirs nicht halten können/ vnd vnſer ſündliche Natur ſich mit Gottes wort nicht kan vergleichen.

Bleibt derhalben die ſache für vnd für bey dem wort/ das Chriſtus ſaget / Thue das / ſo wirſtu leben. Das iſt ein Befehlwort / oder Heiſſewort / er ſolle es thun. Es folget aber darumb nicht / das ers könne thuen / Denn dazu gehört ein ander Geiſt / denn vnſer Geiſt iſt. Wir müſſen zuuor an
Chri-

Christum gleuben/ vnd durch den glauben vnsere hertzen gereiniget werden/ vnd also den heiligen Geist empfangen/ So können wir als denn ein wenig/ vnd schwechlich mit dem Gesetz fort komen.

Aber da folget noch nicht/ das wir durch solch Gesetz halten/gerecht oder von sünden ledig werden/Denn es ist ein vnuolkömlicher/ gebrechlicher gehorsam. Wie Paulus Rom. vij. saget/ vnnd Christus klar spricht/ Luce xvij. Wenn jr alles gethan habt/ so sprecht/ Wir sind vnnütze knecht. Wo bleibet

bet hie das verdienst/welches die Papisten so hoch rhümen? Ein vnnützer Knecht / verdienet nicht viel/So aber der Herr jm gleich wol gönstig vnd gnedig ist / solchs geschicht nicht vmb seines verdiensts willen / son= dern das der HErr an jm selbs gnedig vnd gütig ist.

Also verheisset nu Gott/ Er wölle langes vnd gutes Leben geben/ denen/ die Vater vnnd Mutter ehren. Da kan jeder= man sehen / wie auch bey den fromen kindern/ der gehorsam zu weilen sich stösset / vnnd so schwerlich fort gehet.   Aber gleich=

gleichwol lesst jm Gott den gefallen/ vnd belohnet jn. Wer solchs verdienst wil nennen/ mag es thun/ Doch/ das die gnade vorgehe / Denn one die selbe ists mit vnserm gehorsam verloren/ Er ist nicht also rein vnd lauter / wie er solte sein. Darumb aber/ das Gott gnedig ist/ hat er gleich wie ein Hausherr mit einem vngeschickten/ aber doch getrewen knecht/ der es gerne gut machet / wenn er köndte/ ein mitleiden vnd gedult/ Sihet durch die finger/ beredt vnnd straffet nicht alles/ Denn er ist gütig vnd barmhertzig. Sol

Solches sihet die vernunfft nicht/deñ es ist vnmöglich/das mans on das Wort möge wissen. Derhalben wenn die vernunfft sihet vnd weis/das Gott das Gesetz selbs geordnet vnnd gegeben hat / vnd gehalten wil haben / Auch gutes verheisset denen/die es halten/vnd straffe drewet denen/die es vbertretten. Dadurch ist die vernunfft gefangen/das sie gedenckt/Wen sie die zehen Gebot / vnd solche eusserliche zucht vnnd tugend halte/ so sey Gott zu frieden gestelt / vnnd sie bedürffe mehr nichts zum ewigen Leben. Derhal halben fragen sie nach der Predigt vom Euangelio/vnd nach dem glauben an CHRIstum nichts/ Alles setzen sie auff eigene werck vnd fromkeit.

Aber Gottes wort leret anders/ Sie wollen durch das Gesetze vnd gute werck from vnnd selig werden / So spricht die Schrifft klar vnd lauter / Gott habe das Gesetze darumb nicht gegeben / Er habe es gegeben vmb der Sünde willen / das wir vnser sünde dadurch erkennen lernen / vnd also verursacht werdē/ nach einer andern hülffe vmb zusehen / wie wir doch von der Sünden last ledig werden. Solches ist Gottes rat vnd wille/ das wir durch das Gesetze zu Sündern werden/ Das ist/ für Sünder vns erkennen/ vnd bekennen sollen.

So keren wir es vmb/ vnd verheelen vnsere sünde/ halten vns für from vmb des Gesetzes willen/ Vnd da die frucht solte folgen / das wir vns vmb vnser sünde willen für Gott demütigeten/ jn fürchteten / vnd vmb gnade anruffeten/ Machet solch falsch vertrawen auff das Gesetz vnnd des Gesetzes werck/ vns sicher/ vnd werden eitel

eitel Heuchler daraus/ welche sich für heilig halten/ Aber im grund jres hertzens voller sünde sind/ als da kein Gottes furcht/ kein rechtes vertrawen auff Gottes gnade/ kein ernstes anruffen noch gebet ist. Das sind aber Heiligen die Gott nicht können gefallen/ Denn es heisset/ On glauben ist es vnmüglich GOtt gefallen. Ebre. xj.

Also haben wir nu zwey stück. Das erste/ das nichts höhers noch bessers sey/ denn Gottes wort. Das ander/ Das jederman darauff sehen sol/ das ers habe / Denn das ergernis ist seer gemein vnd gros / vnd das vrteil schwer / Nicht vmb der lere willen / sondern von wegen vnser vernunfft / welche an dem Gesetze jr lesst benügen / vnd den glauben an Christum / welcher allein selig macht / lesst sie faren.

Nu wollen wir zu dem Heubtpunct greiffen / Vnd lernen / weil burgerliche zucht / vnd das Gesetz Gottes selbs / sampt allen guten wercken / abzulegung der sünde / vnd wider den tod nicht helffen / welchs denn die rechte lere sey / die vns den

den rechten weg zum Ewigen
Leben zeige/ das vns die sünde
vergeben/ der tod nachgelassen/
vnd das ewige Leben geschenckt
werde. Da leret Christus in diesem Spruch/von/ vnd spricht.

Wer dis Wassers trin-
cket / den wird wider
dürsten / Wer aber des
wassers trincken wird/
das Ich jm gebe / den
wird ewiglich nicht dür-
sten/ Sondern das was
ser / das Ich jm geben
wer-

werde/das wird in jn
ein Brun des wassers
werden/das in das E
wige Leben quillet.

ES ist der HErr Jhesu
auff der reise/aus Judea
in Galileam/vnd zeuch
bey Samarien hin. Da ko
met er zu eim Brunnen/finde
da ein Samaritisch weiblin
das schepffet wasser/die bitet er
als ein müder/dürstiger Wan
derer/sie wölle jm zu trincke
geben. Vnd tragen sich die r
den also zu/Das der HERR
vb

vber diesem Wassertrunck/ sich zu erkennen gibt vnd spricht zu dem weiblin/ die sichs wegerte/ als einem Jüden den trunck wassers zu geben. Wenn du erkennetest die gabe Gottes/ vnd wer der were/ der zu dir saget/ Gibe mir zu trincken/ Du betest jn/ vnd er gebe dir lebendiges wasser.

Diese rede/ düncket das Weiblin/ were zu hoch/ vnd zuuiel gerhümet. Aber der Herr redets hernach noch deutlicher heraus/ vnd machet eine vnterscheid zwischen zweien Wassern/ das eine/ das man in der Welt

Welt hat/ vnnd zu trinck[en]
brauchet wider den durst/ da[s]
selbige/ spricht er/ leschet w[ol]
den durst/ aber nur ein zeit[t]
lang/ Wenn mans heute h[at]
getruncken/morgens mus ma[n]
es wider trincken/ den der dur[st]
kumpt wider. Ich aber/ sprich[t]
er/habe ein wasser / das ist ei[n]
lebendiges wasser/Wer das ei[n]
mal trincket/ den dürstet i[n]
ewigkeit nicht mehr.

Dieses sind verborgen[e]
wort/die etwas anders bedeute[n]
denn sie lauten. Denn der Her[r]
Christus redet nicht vom leib[-]
lichen durst/ auch nicht vo[m]
leib

leiblichem waſſer. Er meinet
der ſeelen durſt / das iſt / vnſer
böſes Gewiſſen / welches wir
vmb der ſünden willen / haben
vnd tragen müſſen / Das wir
wiſſen/ das Gott der Sünde
feind iſt / vnd ſie mit dem ewi=
ges tod ſtraffen wil. Wir aber
haben jn manchfeltig durch die
ſünde erzürnet / vnnd können
noch nicht anders denn ſündi=
gen.

Wo nu ein ſolches Gewiſ=
ſen iſt/da iſt der rechte durſt/das
vns dünckt/wir müſſen verge=
hen / vnd verſchmachten / wie
Menſchen vnd vihe/ wenn ſie
nichts

nichts zu trincken haben. De[r]
der hunger/ ob er gleich schy[m]
vnd vnleidlich ist/ Doch ist [der]
durst schwerer vnd vnleidliche[r]
denn der hunger/ Wie es [die]
natur/ vnd mercklich vrsa[ch]
beweisen.

ZV solchem durst/ d[er]
ist/ zu einem bösen/ engstige[n]
Gewissen/das seine sünde sihe[t]
vnd Gottes zorn fület/gehör[t]
leibliches wasser/ Es gehör[t]
Gottes wort/vnd rechte Chri[st]-
liche lere dazu. Gleich nu w[ie]
ein dürstiges hertz/ durch eine[n]
guten/ frischen/ kalten trun[ck]
wassers/ erquickt vnd erfrisch[t]
wir[t]

wird/ Also wird ein engstiges hertz durch Gottes Wort getröstet vnd erhalten.

Da gehet nu diese vnterscheid/ mit den zweien wassern. Denn wie oben gesagt/ Die welt/ vnd die jenigen/ so Gottes wort nicht haben / gehen auch damit vmb/ wie sie jre hertzen/ wider das böse Gewissen trösten mögen/ Berugen endlich darauff/ Wenn sie eusserliche zucht halten/ nicht todschlagen/ nicht ehebrechen / nicht stelen / nicht triegen noch liegen / so sey es gnug. Also pflegen die Jüden/ vnd wir Christen/ welche die ze-

F hen

hen Gebot haben / auch zu g
dencken / Wer ein gutes G
wissen haben wil/mus die zeh
Gebot halten/ Das sind nu d
Weltwasser. Da saget Chr
stus was jre art sey/ das sie d
durst leschen eine zeitlang. Ab
es habe keinen bestand / D
durst kome letzlich wider / vr
martere die hertzen. Darum
müsse man ein ander Wass
haben/das könne aber niemar
geben / vnd habe es auch ni
mand/denn der Herr Christu
Das ist das erste / das merc
r ol.

Nu ist es nicht ein geringes/ das der Herr Christus das liecht vnser vernunfft/ vnd darnach die zehen Gebot/ dem wasser vergleichet/ das es den durst stille. Denn wer in zucht vnnd ehrbarkeit lebet/ vnd bürgerliche pflicht allenthalben getrewlich helt/ der hat nicht allein ein gutes Gewissen dauon/ sondern er entfleuhet dadurch der straffe/ welche Gott vber die eusserlichen sünde geordnet/ vnd weltlicher Oberkeit befolhen hat. Derhaltē dēn ein jeder mensch/ solcher eusserlichen zucht/ auff das höheft sich befleissigen sol.

Wenn

Wenn ein Kind im hau
nicht leuget noch stilet/ vnd ger
ne thuet / was man es heisset
So bleibet es nicht allein vnge
schlagen/ es weis auch / das e
Gott wolgefelt/ Denn GO
hat es also befolhen. Hat der
halben ein gut Gewissen dabey
So gefellet es Vater vnd Mu
ter auch wol / die gewinne
es lieb/ vmb solches gehorsam
willen / keuffen jm was es be
darff etc. Wo es aber vngehor
sam were/würden sie jm feind
vnd nicht viel gutes thun.
Eben also ist es gegen Got
zu rechnen mit allen menschen
De

Der vernunfft liecht hat Gott in jnen angezündet/ vnnd sonderlich seinem Volck/ Vnnd durch sie der gantzen Welt sein Gesetz (die zehen Gebot) offenbaret/ das wir es thuen sollen. Wer es nu thuet/ derselbe weis/ das er recht gethan hat/ Denn Gott hat es befolhen/ kan derhalben kein böses gewissen haben/ als hette er vnrecht dran gethan. Weil aber Gott auch gewisse straffe auff die vbertrettung der zehē Gebot gesetzt hat/ sind die solcher straffen auch gefreiet/ welche nach den zehen Geboten jr leben anschicken. Ja der

der gnedige Gott wil / vmb seiner güte willen / solchen gehorsam mit allerley segen belohnen.

Das ist nu / das der Herr Christus das Gesetze / vnd der vernunfft liecht dem wasser vergleichet / welches art ist / das es den durst stillet / vnd erquickung mit sich bringet. Aber es wehret nicht lang / vnnd hat keinen bestand. Wie wir an den Heiden sehen / die mit der Philosophia vmbgangen / vnnd das weltlich Liecht / die vernunfft / seer wol gebrauchet haben / als Socrates / Plato / Xenophon / Cicero /

Cicero/Atticus etc. die rhůmen eusserliche zucht vnnd tugend/ auff das höchste. Aber da es jnen zum sterben kompt/ befinden sie/ das dieser trost/welchen wir von vnserm lebē vnd fleisch haben/ nicht genungsam ist. Derhalben bleiben sie im zweiffel stecken/ vnd ob sie wol hoffen/ es sol dort besser werden/ so können sie doch solcher hoffnung nicht gewis sein. Denn sie haben mehr nicht/ denn ein weltlich wasser aus dem brunnen/ welches den durst leschet/ aber nur ein zeitlang/vnd mangelt jnen an dem wasser/welches

F iiij das

das ewige wasser ist / vnd niemand hat/denn Christus.

WAs ist aber dasselbe für ein wasser? Deñ weil es in ewigkeit den durst wehret/das ist/die Gewissen mit einem ewigē trost erfüllet / vnd sünd vnd tod hinweg nimpt/soltē je billich alle hertzē das verlangen haben/ vnd mit diesem weiblin bitten/ O Herr/ gibe vns auch dasselbige Wasser/ auff das vns nicht mehr dürste. Solten auch diesem brunnen fleissig nach gehen/jn mercken/ dazu vns halten/ vnd
nicht

nicht zu andern brünnen vns füren lassen/ als solte damit vns geholffen sein/ wider den durst des bösens Gewissens.

Denn ob wol die Welt vnd vnser vernunfft/ mancherley gnade vnd gaben hat/ vnd sonderlich mancherley lere/ welche in einem hohen ansehen sind/ wie die Philosophia bey den Heiden/ welche sie hoch gebracht haben. Vnd wir sehen/ wie vnsere Widersacher/ mit jrer lere prangen/ vnd wöllens vber heubt mit gewalt in die Leute dringen/ als sey es das

F v beste

beste Kleinot / die Höchste
Kunst/vnd der grösste Schatz.

Aber wenn wir gewis wöllen faren / müssen wir die Lere vnterscheiden / wie Christus hie die wasser vnterscheidet/vnd bey dem Beschlus bleiben / Das sonst keine lere noch wort den Gewissen helffen / vnnd wider sünd vnd tod retten könne/denn allein des Herrn Christi wort. Es habe das ander alles ein ansehen wie es wölle / vnd sey der Meister wer er wölle / auch Moses selbs / So heist es dennoch/was sie leren/vnd sagen/

es sey so gut als es wölle / das
doch die hertzen dabey durstig
vnd engstig müssen bleiben.

Allein der Son Gottes/
vnser HErr Jhesus Christus/
hat diesen safft in seiner Apoteck
durch welchen der durst in E=
wigkeit geleschet / das ist/ da=
durch ewiger trost vnd hülffe
wider sünd vnd tod folget.

Hie gehet es nu an / das
dein hertz gedenckt / Was doch
solches wird sein/ das so krefftig
ist? Vnd wer wolts nicht gern
wissen? oder sich darumb mit
höchstem ernst nicht annemen?
weil

weil das ewige gut vnd seligkeit daran gelegen ist?

So ist nu dis das Wort/ welches Christus spricht/ Johan. v.

Wie der Vater die todten aufferweckt/ vnnd machet lebendig/Also auch der Son machet lebendig welche er wil. Denn der Vater richtet niemand / Sondern alles gericht hat er dem Son gegeben / auff das sie den

den Son ehren / wie sie den Vater ehren.

Dieser Spruch ist das ewige wasser/ vnd ist alles daran gelegen/ das du jn recht verstehest/ gleubest / vnd dein hertz damit tröstest. Da ist nu das erste/ das du den HERRn Christum erkennest / das er allmechtiger Gott sey/ in ewigkeit vom Vater gezeuget/ vnd dem Vater in allem gleichmessig.

Vnd hie sihestu / das der Türcken vnd Jüden glaube/ vnd

vnd alles was sie von Gott wissen vnd rhümen / lauter nichts ist. Denn hie stossen sie sich/ an dem Heubtartickel / das sie Christum für einen schlechten Menschen halten / Gott aber halten sie für einen Gott / der keinen Son habe / vnd da kein heiliger Geist sey. / Das heisst aber / das höchste vnd grössest/ von Gott nicht wissen/ vnd jm die ehre seiner gnade vnd barmhertzigkeit gar entziehen / welche er durch seinen lieben Son vns armen Menschen bewiesen hat.

Das

Das ist das erste/ welches du vom HErrn Christo wissen vnd gleuben solt/ Das er nicht blos ein Mensch sey/ sondern wie hie stehet/ das er dem Vater gleich sey/ ewiger vnd allmechtiger Gott.

Das ander/ Das er in die Welt komen sey/ das er lebendig mache/ welche er wil/ Denn das gericht sey jm vom Vater gegeben.

HJe musstu lernen vnd gleuben/ das erstlich wir Menschen alle mit einander vnter dem tod vnnd verderben sind/ vmb der sünde willen. Vnd ist
vn

vnmöglich/das ein Mensch jm selbs vom tode/oder der geringsten sünde köndte helffen. Derhalben denn wir solche not erkennen / Gott fürchten / vnnd vmb gnad bitten / vnd ja nicht wie die Welt sollen sicher sein.

Das dritte / Du must auch lernen vnd gleuben/ das er darumb sey Mensch worden/ das er dir vnd allen menschen / von dem ewigen tod helffen wölle. Sol nu solches geschehen/ mus dis zuuor ausgericht sein / das Gott zu frieden gestelt/ vnd für vnsere Sünde gnugsame bezalung

lung geschehen sey. Darumb muſt du den Son Gottes erſtlich annemē/ als ein Opffer für dein vnd aller Welt ſünde/ vnd darnach/ als ein HErrn vber tod vnd Leben/ jn des Hand es ſtehet/ vom ewigem tod ledig zu machen/ vnd das ewige Leben zu geben/ So fern du jn mit glauben vnd ſolcher gewiſſer zuuerſicht annimeſt.

Denn das gericht iſt jm von ſeinem Vater gegeben/ Wer jn annimet mit glauben/ vnd ſich an jn helt/ mit dem wil der Vater zu frieden ſein/ vnd ferner nicht richten. Hieraus ſiheſtu

heſtu nu / das vnſers HERrn Chriſti wort/ das ewige waſſer iſt. Denn ob wol Moſes das rechte wort Gottes füret / So kan er doch dis nicht ſagen/ das er vns könde oder wölle lebendig machen Er kan nicht ſagē/ das er für Gottes gericht vns ſchützen oder retten wölle. Alſo ſoll allein der Son Gottes reden / wie er in dieſem Capitel hernach dieſen herlichē Spruch ſetzet / welchen wir mit höchſtem vleis betrachten ſolten/ vnd vns zum troſt / von wort zu wort auswendig lernen/ vnd vnſern ſchwachen glauben damit ſtercken.　　　War-

Warlich/Warlich/sage ich euch/Wer mein Wort höret/vnd gleubet dem/der mich gesand hat/der hat das ewige Leben/vnd kompt nicht in das Gerichte/ sondern er ist vom tod zum Leben hindurch gedrungen.

Jch habe vleissig achtung auff alle wörter. Erstlich da er spricht/Wer mein Wort höret/Hie mustu das

wört-

wörtlin/ Mein/ auff das reineste bleiben lassen/ das du kein ander wort dazu setzest/ wie die rasenden Papistē thuen/ welche jmerdar Moses wort/ zu des HERrn Christi Wort setzen/ vnd aus glauben vnnd guten wercken einen kuchen backen wöllen. Wol ists war/ Der glaube ist nimer one gute werck/ vnd wo böse werck oder Sünde ist/ da kan kein rechter glaube noch heiliger Geist sein. Aber daraus folget noch lang nicht/ das die guten Werck ausrichten vnd thun/ das der Glaube thuet.

Moses

Moses wort vnnd seine gute werck / sind auch ein wasser / wie oben gesagt / vnd leschen den durst / Aber nur ein zeitlang/ Denn der durst komet wider / die angst vnd not des Gewissens lesst sich damit nicht stillen. Da gehöret aber nicht Moses wasser zu / Es mus Christi wasser sein / das er als warhafftiger Gott/ allein hat vnd gibet / Wir aber können es nicht trincken / oder zu vns nemen / denn allein durch den glauben / das wirs für war halten / vnd vnsere hertzen damit trösten.

Nu mercke aber hie/ Wenn allein das Wort Christi / das ewige Leben gibet/ vnd Moses wort nichts dazu thuet/ was greuliches jrthumes im Bapstumb gewesen sey/ vnd noch ist / da man solches vertrawen/ welchs allein dem Herrn Christo vnd seinem wort zugehöret/ auff Menschen werck/ Messeopffer/ München orden/ Heiligē fürbitte/ gesetzet hat. Derhalbē mügen wir Got dancken/ das wir aus solchen jrthumen/ durch Gottes Wort erlediget sind/ Vnd bitten/ das er bey solcher gnade vns erhalten wölle.

Zum

Zum andern lessets Christus bey dem nicht bleiben / das er spreche / Wer mein Wort höret/ er setzet auch dis hinzu.

Vnd gleubet Dem / der mich gesand hat / der kompt nicht ins Gericht.

HOren mus man das Wort / denn sonst kan man zu Gottes erkentnis nicht komen. Darnach mus man auch Dem gleuben / der Christum gesand hat. Das ist/

Man mus gleuben/das des Hern Christi wort/des Vaters wort sey/die ewige warheit/vnd kan nicht liegen/noch durch vnsern vnglauben verhindert werden/Wie das Gesetz/weil wir dasselbige nicht können halten/ ist vns damit vngeholffen/das ist/wir können dadurch keinen trost noch rettung haben/wider die sünde vnd den tod.

Hie aber heisset es nicht dis vnd das thun/welches vns zu schwer vnd vnmöglich ist/Es heisst allein gleuben/Das du die hende auffhaltest vnd nemest/ Das dir wird dargeboten/das ist/

ist/ das du solches wort Christi für war haltest/ vnnd dich sein tröstest/ So bistu durch den Glauben gewislich ein Erbe des ewigen Lebens. Denn dis wort Christi/ wo es mit rechtem glauben angenomen wird/ ists das lebendige wasser/ das da quillet in das ewige Leben.

Diese wort sind vber die massen eigentlich vnd seer wol gesetzet/ Darumb sol man sie nicht zerreissen/ sondern fein/ wie sie an einander gebunden sind/ bey samen lassen bleiben.

Wer mein Wort höret
spricht Christus / vnd
gleubet Dem / der mich
gesand hat/ der hat das
ewige Leben.

Je düncket vns/
Es were gnug/
wen er saget/ Wer
mein Wort höret/
vnd gleubet mein wort / der hat
das ewige Leben. Aber er sagt
nicht also / sondern / Wer dem
gleubet der Mich gesand hat.
Bindet also den ewigen Vater
vnd sein Wort zusamen / Auff
das

das niemand zweiuele / was Christus redet / das sey Gottes ernster wille / vnd die vnwandelbare warheit / Auff das ja niemand eine vnterscheid mache sondern den HErrn Christum erkenne / lobe vnd ehre / als den ewigen Son Gottes / der in gleicher Herligkeit vnd Macht des Vaters ist. Das ist vnsers HERrn Christi wort / welches er vergleicht dem lebendigen Wasser / das das Leben gibet / vnd den tod in ewigkeit tilget.

Zum dritten folget weiter.

Wer

Wer mein Wort höret
vnnd gleubet Dem de(r)
mich gesand hat/ de(r)
kompt nicht in das G(e)
richt.

Das ist / Er darff vnn(d)
sol sich für Gottes Ge
richt nicht fürchten.
Denn da ist nichts denn gna=
de/ weil er das wort Christi ha(t)
vnd gleubet.

Hie magstu gedencken/
Sprechen wir doch in vnsern
glauben / Christus wird kome(n)
zu richten die lebendigen vn(d)
di

die todten. Vnd S. Paulus spricht / Rom. xiiij. Wir werden alle für den Richtstuel CHRJsti dar gestellet werden. Item ij. Corinth. v. Wir müssen alle offenbar werden / für dem Richtstuel Christi / auff das ein jeder empfahe / nach dem er gehandelt hat bey Leibs leben / es sey gut oder böse. Wie reimet sichs denn / das Christus spricht Wer sein Wort höre / vnnd gleube Dem / der jn gesand hat / werde nicht in das gericht komen?

Antwort. Durch den glauben an Jhesum Christum / haben

ben/ wir vergebung aller sün
de. Denn Christus ist Gotte
Lamb/ das der welt sünde tregt
vnd wegnimpt / Wo aber ver
gebung der Sünden ist/ da is
das gericht auffgehaben / vn
eitel Gnade/ Leben vnd Selig
keit.

Dagegen aber werden di
Gottlosen oder vngleubigen am
jüngsten tag / ein solch schreck
lich vrteil hören / Weil sie one
glauben sind / vnd keine verge
bung der Sünden haben / das
jnen auch das geringste vnnü
tze wort fürkomen/ vnd jr hertz
engsten / vnd zaghafftig machen

chen wird. Aber die gleubigen haben in jnen das lebendige Wasser/ vnd trösten sich/ das durch Christum jre sünde jnen vergeben sind/ Derhalben sie nicht in das gericht komen/vnd Gott keinen ernst wider sie brauchen/ sondern vmb des glaubens willen an Christum/ Gnade vnd Barmhertzigkeit jnen beweisen wird.

Zum vierden/ Henget Christus diese wort hinan.

Sondern er ist vom Tod zum Leben hindurch gedrungen. Das

As ist vber die masse
fein vnd tröstlich ge
redt / wenn wir nu
lauter helle augen hetten / vnd
solche wort recht ansehen vnd be
wegen köndten / Wer mein
Wort höret/ spricht Christus/
vnd gleubet dem / der mich gesand hat / der kompt nicht
in das gericht / Sondern er ist
vom tod zum Leben hindurch
gedrungen.

Mit diesen worten erinnert
er vns der Erbsünde/ vnd vnser
verderbten Natur / vnd seines
gerechten zorns vber das gantze
Menschliche Geschlecht. Als
wolt

wolt er sagen/Ewig wil ich
euch selig machen/Aber jr müs=
setz uuor in den tod kriechen vnd
sterben.Denn dis ist Gottes vr=
teil/das sol vnnd mus seinen
gang haben. Die Sünde mus
jre straffe haben/denn da sonst
vnser fleisch vnsterblich were ge=
west/ist es durch die sünd sterb=
lich worden/wie Gottes Wort
klar drewet Adam vnd Heua/
wo sie von dem verboten bawm
würden essen/sollen sie des tods
sterben. Solche straffe ist geer=
bet hernach auff alle Adams
kinder/das also alle Menschen
dem tod vnterworffen sind/vnd
H ster=

sterben müssen.

Aber da geniessen wir des Sons Gottes/ vnsers HErrn Jhesu Christi/ das wir in solchem Tod nicht ligen bleiben/ sondern so balde dis Sündliche fleisch gestorben ist/ ruget es/ als in einem süssen lieblichem schlaffe/ vnd der Geist ist bey Gott in ewiger freude / bis am jüngsten tag / auch das fleisch wider auffweckt vnd lebendig wird/ vnd in ewiger freude durch Christum lebet.

Es mus aber etwas darüber gelitten sein / Darumb brauchet der Herr Christus ein hartes

hartes wort/ da er spricht/ Man mus vom tod ins leben hindurch dringen. Denn das mittel zum tod/ vnd die weise zu sterbē/ ist vber die masse manchfeltig. Der mus auff dem bette ligē/ kan weder hende noch füsse regen/ wil schweigen gebrauchē/ mus also für vnd für grosse schmertzen leiden. Der ander hat die Wassersucht/ kan nicht zu bette ligen/ mus für vnd für sitzen/ vnd also sitzend des letzten stündlins warten. Den dritten vbereilet der tod plötzlich/ das er kaum so viel zeit hat/ das er spreche/ wie geschicht mir? Ah Gott hilff. H ij In

Jn summa / Es kome der tod wie er wölle / so ist er vnfründlich vnd ein erschrecklicher Gast / Was sol vns als denn trösten? Keines wegs sollen wir gedencken/ das es Gott mit vns vbel meine/ Denn Christus selbs saget alhie / Es müsse gedrenget sein/ das thuet warlich wehe. Aber der trost ist da/wen das stündlin hinüber ist / so sol vnd mus durch den HERRN Christum der tod weichen/ vnd ewiges Leben komen / Das sollen francke vnd sterbende Menschen gleuben/vnd sich des trösten.

Ge=

Geschicht es doch sonst in der Welt/ das man saget/ Ein gut mahl sey henckens wert. Item niemand lesset sich keiner mühe vnnd arbeit verdriessen/ das er etwas erwerbe vnd vberkome. Nu ist es je aller Welt gelt vnd gut nichts gegen dem ewigen Leben. Woltestu denn nicht dieses elende/ arm/ gebrechlich leben daran setzen/ vnd etwas darüber leiden? Hastu doch den vorteil/ Je fehrlicher es mit dir ist/ je grösser die not ist/ je ehe mus es brechen/ vnd zum ende lauffen. In summa/ es mus gedrenget sein/ Es mus uns vns sawr werden/Auff das wir Gottes ernstlichen zorn/wider die sünde spüren/vnd jn fürchten/für sünden vns hüten/seiner gnad mit ernst begeren/vnd alle not vnd angst damit lernen vberwinden/das wir durch den tod zum Leben komen

Hie hastu wider das lebendige Wasser. Denn dieser Spruch leret dich/was du von Gott dem ewigen Vater/vnd dem HERrn Christo gleuben solt/vnd wenn du es gleubest/ das du das lebendige Wasser hast/welches aus diesem Leben vns erhelt zum ewigen Leben. Doch

Doch mus es zuuor gedrenget/ vnd etwas gelitten sein/es mus in einen sawren apffel gebissen/ vnd ein bitter trüncklein verschlungen vnd geschmackt sein/ Aber ehe es recht hinab in den Leib kompt / sind wir hindurch gedrungen in das Ewige Leben.

Darumb sollen wir in tods nöten nicht kleinmütig sein/ noch vns fürchten / Ob gleich der tod an jm selbs schrecklich ist/ so ist er doch durch den HErrn Christum vns ein gewisser eingang in das ewige Leben / vnd bedarff nur das wir vns ein wenig

H iiij nig

nig drengen vnnd drücken lassen/ Haben doch den trost daneben / das der Son Gottes/ sampt seinem heiligen Geist bey vns stehen / den hertzen zusprechen / vnd sie durch das Wort Christi trösten wil/ Das sie also hindurch komen sollen / das sie es kaum erfaren oder fülen/ wie es zugehe.

Auff diese weise Prediget der HErr Christus auch. Joh. vj. vnd spricht.

Ich bin das brod des Lebens / Wer zu Mir kompt/

kompt/den wird nicht
hungern/vnnd wer an
Mich gleubet/den wird
nimermehr dürsten.

VOn was hunger vnnd
durst er rede/ist klar aus
dem/das wir oben ge-
sagt haben/nemlich/Das er da
mit den bauchhunger vnd bauch
durst nicht meinet/sondern das
engstig böse Gewissen/wenn
der Mensch seine Sünde vnnd
Gottes zorn recht bedenckt vnd
fület.Da mercke vnd lerne/Be-
schlossen ist es/ das nichts im
       H v   Himel

Himel noch auff Erden sey/das solchen/ des Gewissens hunger vnnd durst/ könne oder müge stillen/ ausserhalb des glaubens an Christum/ welcher ist Gottes brod/ das vom himel komen ist/ vnd gibet der Welt das leben. Wir müssen jn aber essen/ das ist/ an jn gleuben/ wie der HErr Christus saget/ Wer an mich gleubet/ den wird nimermehr dürsten/ Vnd bald hernach spricht er weiter.

Das ist der wille des/der mich gesand hat/Das/ wer den Son sihet/vnd gleu gleubet an jn/der habe das ewige Leben/Vnd ich werde jn aufferwecken am jüngsten tage.

Das ist je deutlich vnd klar gnug gepredigt. Wiltu selig werden? Was soltu thuen? Wiltu das Gesetze für dich nemen? vnd dich in des selben gehorsam vben? Das soltu thuen/vnd auff das fleissigest. Denn also hat es Gott befohlen. Aber gedencke bey leibe nicht/das der Seelen vnd des Gewissens hunger damit müge gestil

gestillet werden. Vrsach/Wer
du mit deinen wercken für Got
tes gericht komen solt/würdest
wol sehen vnd erfaren / das si
vnuolkomen weren/vnd derhal
ben du derselben gar nichts kön
dest gebessert sein.

 Derhalben auch Christus
nichts von wercken des Gesetzes
meldet/ Allein spricht er/Wer
den Son sihet/ vnd gleubet an
jn/der hat das ewige leben. Da
mustu dich nach richten / deine
augen nicht zu sperren/ sondern
fein wacker auffthuen / wie die
vergifften Jüden/von den few-
rigen Schlangen gebissen / in
der

der Wůsten die ehrne Schlangen ansahen/ vnd an jn gleuben / das ist/ seiner hůlffe dich trösten/vnd hoffen/Gott werde vmb seinen willen/gnedig sein/ vnd vmb seines opffers willen/ sünde vergeben.

O jr blinden Papisten/ wie grewlich hat euch der Satan verblendet vnd geschendet/ das jr solche klare vnnd vielfeltige Sprüche des Sons Gottes habet vnd wisset/ doch gleichwol jmerdar den Glauben lestert / vnnd nichts denn von guten wercken prediget/vnd die selbigē dem opffer Christi gleich machet.
Christus

Christus müsste je ein fal=
cher vnnd vntrewer Predige[r]
sein/wenn gute werck zur ge=
rechtigkeit hülffen/das er jr s[o]
gar schweigen solt. Er predige[t]
ja auch von guten wercken/vn[d]
vermanet auff das trewlichs[t]
zum gehorsam gegen Gott/vn[d]
verheisset herrliche Gaben.

Aber in solchen predigten
saget er nicht/das gute werck
den hunger vnd durst der engsti=
gen Gewissen stille. Vrsach.
Dieses geschicht allein dadurch/
das man den Son sihet/vnd
an jn gleubet. Das ist ja rund/
lauter vnnd klar geredt. Aber
man

man sihet/ das nicht jderman
die gnad hat/ noch dem HErrn
Christo ohren vnd augen ver-
gönnen wil/ Sie gehen für v-
ber/ wie blinde vnd taube Men-
schen/ die mus man gehen lassen auff jre abentheur.

Diese meinung hat es auch
mit der langen Predigt/ so hernach am ende dieses Capitels
folget/ Da Christus spricht.

Warlich/ Warlich sage
ich euch/ Werdet jr nicht
essen das fleisch des
menschen Sons/ vnnd
trin-

trincken sein Blut / ſ
habt jr kein Leben i
euch.

ES brauchet der Herr di
gleichnis vom eſſen vn
trincken / weil er des Ge=
wiſſens angſt einen hunger /
vnd durſt genennet hat. Es iſ
aber ſolches eſſen vnd trincken
anders nichts / denn an Chri
ſtum gleuben. Denn gleich wie
die ſpeiſe vnd der tranck / wenn
wirs zu vns nemen / in vnſer
Fleiſch vnd Blut verwandelt
wird / den leib vnd das Leben er=
helt.

helt. Also auch/ Wer des Hern Christi wort hat / vnd es gleubet/ der wird mit Christo eins/ vnd hat also durch den glauben das ewige Leben in jm.

Wo aber der Glaube an Christum nicht ist / da ist kein leben / ob gleich Moses mit alle seinen Gesetzen vnd guten wercken da were. Denn hie stehet es klar. Werdet jr nicht essen das fleisch des menschen Sons/ vnd trincken sein Blut/ so habt jr kein Leben in euch / das ist/ Jr müsst ewig im tod bleiben/ vnd wird euch weder Moses/ noch einige Creatur in Himel
J　　　　noch

noch Erden helffen können
Denn beschlossen ists / wie der
HErr weiter spricht.

Wer mein fleisch isset,
vnd trincket mein blut,
der hat das ewige Leben / vnd Jch werde jn
am jüngsten tage aufferwecken.

DJEse Wort hat man
auff das Sacrament
gezogen. Aber wie vor
gemelt / heisset essen vnnd trincken hie anders nichts denn an
JHEsum Christum gleuben/
Sol-

Solcher glaube bringet das Ewige Leben. Vnd ist gewis/das Christus am jüngsten tage/ alle gleubigen aufferwecken wird zum ewigen Leben.

Gleichwol ist das auch war/ Wer das Hochwirdige Sacrament in rechtem glauben empfehet/ vnd der wort sich tröstet/ welche er von Christo höret/ Das sein Leib für vns gegeben/vnd sein blut für vnser sünde vergossen ist/ Wer/ sage ich/ also gleubet/ der empfehet das Sacramēt wirdig/vnd findet darin vergebung der sündē/ ewige gerechtigkeit/ vnd ewiges Leben.

Leben. Wie es auch die alten Lerer seer fein gedeutet haben / vnnd gesagt / Vnser leib oder fleisch sey / vmb der sünden willen sterblich / Aber das Fleisch Jhesu Christi sey one Sünde / vnsterblich vnd ewig. So nu wir sein fleisch essen / vnnd sein blut trincken / kome das vnsterbliche fleisch zu vnserm sterblichẽ / vnd machet es auch vnsterblich / Wie Christus hie spricht.

Wer mein Fleisch isset / vnd trincket mein blut / der bleibet in Mir / vnd Ich in jm. Sol-

Solches ist fürnemlich vnnd eigentlich nicht vom Sacrament/ sondern vom glauben geredt. Weil aber im Sacrament GOttes wort vnd verheissung von vergebung der Sünde/ mit eingeschlossen ist/ kan man solches auch auff das Sacrament deuten/ wo mans nach Christi ordnung/ vnd in rechtem glauben empfahet.

Das er aber fürnemlich von dem glauben rede/ bezeuget der Spruch im vij. Cap. Da der HErr Christus auff einem grossen

grossen Feste öffentlich im Tempel schreiet/ vnd spricht.

Wen da dürstet/ der kome zu mir vnd trincke/ Wer an mich gleubet/ wie die Schrifft saget/ von des Leibe / werden ströme des lebendigen Wassers fliessen.

Hie heisset er/ Man sol zu im komen/ nicht zu Mose/ noch zum Gesetze/ viel weniger zu denen/ die mit menschen

schen geboten vnd eigen erweltten wercken vmbgehen / Wie der Bapst / der vnzelich viel gute werck rhůmet / vnd Gottesdienst anrichtet / nach seinem gefallen / one Gottes befehl. Denn von Closterorden / von Messeopffer von der Heiligen verdienst / von sonderlicher zeit zum betē / wie sie denn die sieben gezeit haben / findet man kein wort in der gantzen Heiligen Schrifft / ja solche Menschen werck sind wider die Heilige Schrifft.

Zum andern heisset er trincken. Was hat oder gibet er denn

denn zu trincken? Das zeigen an die folgende wort. Wer an Mich gleubet. Denn sein wort/ wie oben gesagt/ ist das lebendige wasser. Wer dasselbige höret vnd mit glauben annimpt/ von des selben Leibe werden ströme des lebendigen Wassers fliessen.

Das ist/ Sie werden hie auff Erden in diesem zeitlichen leben/ den heiligen Geist empfangen/ der wird nicht müssig bey jnen sein/ Sondern wie ein reiner schöner Brun geschepffet wird/ vnd die Menschen trencket vnd erquicket/ Also werden
die

die gleubigen Christen andere auch leren/ vnnd sie durch das Wort zum erkentnis Gottes/ vnd ewigem Leben bringen/wie der Euangelist hie selbs meldet/ Christus habe vom Geist geredt/ welchen empfahen solten/ die an jn gleubeten.

Diesen Spruch mercke auch mit vleis. Moses mit dem Gesetz/kan seine/vernünfftige/bescheidene/erbare Leute machen/ Da andere so Mosen nicht haben oder achten/ wilde sewe bleiben/vnd in aller vnzucht leben. Aber den heiligen Geist kan er nicht geben/ den vber komen die gleubigen allein durch Jhesum Christum/ den Son Gottes/ zu dem allein sollen wir vns finden/ vnd vns an jn halten.

Nu ist es aber nicht ein geringer sonder ein tewrer/ vnaussprechlicher schatz/ das wir durch JHEsum Christum den heiligen Geist empfahen/ Deñ wo der heilige Geist ist/ da ist vergebung der sünden/ vnd ewiges leben/ vnd ein solches Liecht welches vns nicht allein aus diesem Leben leuchtet in das Ewige/ sondern auch hie in diesem Leben leitet/ vnd den rechten wege weiset/ das wir nicht in ergers

gernis / oder Sünde geraten /
Wie vnser HErr Christus im
viij. Cap. Johannis / seer tröstlich saget / vnd spricht.

Ich bin das Liecht der
Welt / Wer mir nachfol-
get / der wird nicht wan-
deln im finsternis / son-
dern wird das Liecht
des lebens haben.

HJe müssen wir das wört-
lin / Ich / sonderlich wol
mercken / Denn es ma-
chet eine vnterscheid zwischen
Christo / vnd allen Menschen
vnd

vnd Creaturn / so je gewesen/ noch sind vnd zu ende der Welt sein werden / die selben alle zu mal sind vnnd wandeln nach laut der Schrifft / im finsternis / bleiben auch / sterben vnd verderben im finsternis / wenn sie durch dieses Liecht/ den Hern Christum/ nicht erleuchtet werden.

Moses ist auch ein Liecht/ denn er hat Gottes wort/ nemlich/ das Gesetze/ Aber er leuchtet nur hie in diesem zeitlichen Leben/ welches ist zu rechen wie ein schatten vnd finsternis / gegen dem Liecht / das da leuchtet in das ewige Leben.

So ist nu keine andere weise / das wir der finsternis los werden / denn das wir dem HERrn Christo nachfolgen/ nicht in seinem Leben / noch durch seine Wunderwerck/ welche vns vnmöglich sind / Sondern das wir sein Wort hören/ vnd dasselbige mit glauben annemen. Als denn wird gewis folgen / das wir auch mit dem gehorsam so im Decalogo geboten / hernach komen / vnd endlich das Liecht des lebens erlangen vnd selig werden/ durch das erkentnis Gottes / vnd seines Sons Jhesu Christi.

Denn

Denn finsternis heisset hie nicht weltliche / leibliche finsternis/ Denn da beweiset Gott seine grosse güte/lesset seine Sonne leuchten vber böse vnd gute. Darumb redet der Herr Christus / von des hertzens finsternis/welche ist/ wo Gottes wort nicht leuchtet/Da ist es vnmöglich/das man Gott könne recht erkennen/ das man für sünden sich hüten könne / das man einigen gewissen trost wider das böse Gewissen könne haben. In summa / sünde vnd tod bleibet bey solchen Leuten / Da dagegen wo Gottes Wort ist / vnd

die

dieses Liecht scheinet/ da ist trost vnd ewiges Leben/ wie der Herr Christus bald hernach in diesem Capitel saget.

So jr bleiben werdet an meiner Rede (Das ist/ wenn jr mein Wort gleuben/ vnnd dar an nicht zweiueln werdet) so seid jr meine rechte Jünger/ vnd werdet die Warheit erkennen/ vnd die warheit wird euch frey machen.

Hie

JE hörestu
das der HERR
Christus wil selb:
Jünger habē/ vnd
jm daran nicht lassen benügen.
so du Moses jünger bist / du
musst sein Jünger werden/Du
musst an seiner Rede bleiben/
vnd seinem Wort mit hertzli=
cher zuuersicht gleuben / das er
allein der welt Liecht sey / vnd
wir durch jn allein das Ewige
Leben haben. Als denn sol fol=
gen / Das du die warheit er=
kennest/ das ist/ das du Gottes
gnedigen willen/ gegen vns ar=
me

me verdampte Sünder/erkennest/ vnd also frey werdest von allen sünden/ da die andern/ so nicht gleuben/ in jren Sünden gefangen bleiben/ darin sterben vnd verderben/ Wie der HErr Christus hie mit einem schrecklichen Wort beschleusst/ vnnd spricht.

So jr nicht gleubet das Ichs bin/ so werdet jr sterben in ewern Sünden.

HJE magstu gedencken/ Hat es doch eben diese meinunge auch mit Moses

ses gesetze / Wer es nicht helt/ der mus des ewigen tods gewarten/ Wie kompt es denn/ das der HErr Christus hie allein von denen saget / die an jn nicht gleuben? Antwort. Wen das Gesetze nicht gehalten/ vnd derhalben der sünden gefangener ist/ an desselben heil ist noch nicht zu verzagen/ Denn er kan heute oder morgen/ durch Gottes gnade / zur Busse komen/ vnd an Christum gleuben/ So sind jm alle sünde durch solchen glauben vergeben / wie die verheissunge lauter da stehet/ Wer da gleubet vnd getaufft wird/ der

der wird selig werden.

Wer aber an Christum nicht gleubet / sondern in solchem vnglauben beharret / da ist gar keine hoffnung / das jnt sonst auff eine andere weise geholffen / vnd er vom tode köndte errettet werden. Deñ es heisset / Ich bin das liecht der welt / derhalben / wo dis liecht nicht ist / da mus tod vnd finsternis bleiben / vnd wird nicht draus / das das blöde dunckel liecht / welches Moses mit dem Gesetz anzündet / vnd vnser vernunfft fassen vnd verstehen kan / vns helffen könde oder solte.

Wo bleibet denn nu der Frey
wille? Wo bleiben die integr(a)
naturalia? Dauon des Bapst(s)
Sophisten vnd Eselisten so vie(l)
schreien/rhümen vnd schreiben/
als von dem Liecht/ das zur se(=)
ligkeit fürderlich sey/ Schwei=
gen dagegen gar stille/ oder re=
den ja schwechlich vnnd dun=
ckel von dem glauben an Jesum
Christum/ vnd von der Ver(=)
heissung/ welche wir in der hei(=)
ligen Tauffe/ im Abendma(l)
des HErrn vnd sonst in aller
Predigten vnsers lieben HErr(n)
Jhesu Christi haben.

Dergleichen predigt thuet Christus folgend im viij. Cap. Johannis / da er mit grossem ernst / wider die Juden disputiert / vnd spricht.

So jemand mein Wort wird halten / der wird den Tod nicht sehen Ewiglich.

Dieser Spruch ist leicht zuuerstehen aus dem / das zuuor gesagt ist / Denn man sol den worten keine gewalt thuen. Nu spricht aber
Chri=

Christus / So jemand mein Wort wird halten. Darumb müssen wir eine vnterscheid machen / zwischen Moses vnd des HERrn Christi wort / so weit / als Himel vnd Erden von einander ist. Nicht darumb / als were Moses wort / nicht Gottes wort / denn wie S. Paulus saget / Das Gesetz ist Heilig / recht vnd gut / Ist aber nicht dazu gegeben / das wir dadurch solten gerecht vnd selig werden / sondern / das es vns vnsere sünde anzeigen / für augen stellen / vnd also anders wohin treiben sol / da wir vergebung der sünden finden. Das

Das ist nu vnsers lieben HErrn Jesu Christi wort/ das heilige Euangelium / Wer nu (spricht der HErr Christus) dasselbige wird halten/ das ist/ mit Glauben annemen / das hertz wider die Sünde vnd das böse Gewissen damit trösten. Da sol diese Frucht folgen/ welche weder bey Mose / noch einiger Creatur in Himel vnnd Erden zu finden ist / nemlich/ das er den tod ewiglich nicht sehen sol.

Wolan/ wer solche tröstliche/ fröliche predigt von Jhesu Christo vnserm HErrn höret/

ret/vnd jn für den Son Gottes helt/wie kan der an der rechten Lere zweiueln? Oder wie kan er des Bapsts verfürische/ lesterliche Lere annemen? welcher die Leute wil in Himel bringen/ durch Mönchskappen/ Fisch essen/ Heiligen anruffen/ Walfatren/ vnd andere der gleichen Werck. So aber Moses selbs mit Gottes gesetze nichts dazu kan thuen/ wenn man da von handelt/ wie man vom ewigen Tode ledig werde/ So mus ja folgen/ je vleissiger du mit wercken/von Menschen geboten/ vmbgehest/ das du je
lenger

lenger je tieffer in die sünde vnd verdamnis fallest. Das also der einige weg zum Ewigen Leben ist/ Christi Wort halten/ vnd nicht des Gesetzes wort/ Deñ es ist vns zu schwer/ So sticht vns Moses mit seinem glantz in die augen/ das/ wo Gottes gnad nicht zuuor da ist/ niemand jm vnter die augen sehen kan/ vnd er sein antlitz verhengen mus. So nu Christus spreche/ Wer Moses wort wird halten/ wird den Tod nicht sehen ewiglich/ Wo wolten wir hinaus?

  Darumb jmer weg mit Mose/ wenn es dahin kompt/ Lasse

Lasse jn Herr vber deinen Leib sein / dich zum gehorsam gegen Gott ziehen / deine hende / augen / ohren / vnd mund regieren/ das alles in Gottes furcht hergehe. Aber das du vom Tod Ewiglich erlöset werdest / das gleube vnd hoffe durch das wort vnsers HErrn Jhesu Christi allein vnd sonst weder durch deine/ noch andere werck oder verdienst/ wie man es nennen wil oder kan.

JA sprichstu / Müssen doch die CHRisten auch den Tod sehen vnd sterben/ vnd wird jnen eben so sawr als

als den Vnchristen / Denn die kranckheit vñ andere mittel/dadurch sie Gott von diesem leben abfoddert / thuen jnen gleich so wehe als den Vnchristen. Wie spricht denn Christus/sie sollen den tod nicht sehen ewiglich?

Antwort. Christus redet vom tode / der auff die Sünde geordnet ist/ welcher ist der ewige Tod / da kein leben nachfolget. Aber der Christen Tod ist ein solcher Tod/ vnter welchem das Leben steckt / Bald sie hindurch gedrungen sind/ vnd der letzte odem hin ist / lebet der Geist bey Gott / vnnd sol am jüng=

jüngsten tage das fleisch / welches in mitler zeit sanfft ruget/ auch wider leben.

Darumb ist der Christen sterben vnd Tod / kein rechter tod/sondern/wie jn die Schrifft nennet / ein schlaff. Denn es ligt nur daran / das Christus kome / vnd mit seinem Finger an das grab klopffe / so werden wir auffwachen/vnd mit einem vnsterblichem Leibe herfür gehen/ vnd in ewiger seligkeit bey Gott leben.

Dergleichen Sprüche findestu auch Joh. x. Cap. Da vnser lieber Herr Christus eine
vnter=

vnterscheid seines Ampts ma-
chet/ vnd allein der rechte Hirte
vber seine Schaff sein wil/ vnd
spricht.

Ich bin ein guter Hirte/
Ein guter Hirte lesset
sein lebē für seine Scha-
ffe. Ein Miedling aber
der nicht Hirte ist / des
die Schaffe nicht eigen
sind/sihet den Wolff ko-
men / vnnd verlesst die
schaffe vnd fleuhet/vnd
der

der Wolff erhaschet vnd zerstrewet die Schaffe/ Der Miedling aber fleuhet / denn er ist ein Miedling / vnnd achtet der schaffe nicht. Jch bin ein guter Hirte/ vnd erkenne die meinen / Vnd bin bekand den meinen. Wie mich mein Vater kennet/ vnnd Jch kenne den Vater/ vnd ich lasse Mein Leben für die Schaffe.

Diese

Diese Predigt ist auch helle vnd klar / Denn der Wolff kan je anders nicht sein / denn Teuffel vnd Tod. Nu ordnets Gott also / das er gibet frome Prediger / vnd trewe Lerer / die sein Wort für vnd für treiben / vnd die Christliche Kirche mehren vnd bessern sollen.

Da machet nu vnser lieber HErr Jhesus Christus / eine vnterscheid zwischen jm vnd andern Hirten allen / vnd spricht / Ich bin der rechte Hirte. Moses ist wol auch ein Prediger / vnd hat das Hirten ampt / das er weiden / vnd seine Jüden recht vnterweisen solte / Thut auch so viel als jm möglich ist. Aber damit ist dem Wolffe nicht gewehret. Es gehöret ein solcher Hirte dazu / sol anders dem Wolffe gewehret/ vnd die Schefflin vom Tod errettet werden/ der selbs her stehe/ vnd den Wolff sich fressen lasse. Das thuet niemand / es kans auch niemand thuen / spricht Christus/ denn Ich allein.

Wer nu rettung wider den ewigen tod vnd des Teuffels Tyranney (wie wir alle bedürffen) bedarff / wo wil er hin?

hin? Wil er zu Mose mit den Jüden/ vnd bey jm rettung suchen? O nein/es ist vergebens vnd vmb sonst mit Mose/ der in solcher not nicht der rechte Hirte ist/ ja also zurechnen nur ein Miedling ist/ Denn er kan vns nicht helffen/ sondern lesset vns in der not stecken/ vnd vergehen.

So bleibet nu Christus der einige Hirte/ der seiner Scheflin mit ernst sich annimpt/vnd sein Leben für sie lesset. Denn das er dem Teuffel so viel gewalt vnd macht lesset / das er auch jn/ den Herrn Christum/

L an

an das Creutze bringet / vnd
der tod jn erwürget / Solcher
ist geschehen vmb vnser willen,
das wir arme Scheflin von
tode errettet würden. Daher
wir denn vnsern lieben HErrn
Christum / als vnsern einigen
vnd rechten Hirten erkennen,
vnd vns seines sterbens trösten,
jm von hertzen da für dencken / vnd sonst keinen Hirten
vns sollen einreden lassen.

Fromme trewe Prediger sind
wol auch Hirten / so ferne es
das weiden vnd Lereampt be-
trifft / Denn sie leren nicht allein jre Schüler / sondern wehren

ren auch den Wolffen/das ist/
den Ketzern. Aber wenn es da=
hin kompt / wie des Teuffels
tyranney/vñ dem tod gesteuret
vnd gewehret werden/Ists mit
aller Menschen hülffe aus vnd
verloren. Da mus allein vnser
Hirte/ Jesus Christus stehen/
vnd sich vnser annemen / vnd
wir müssen jn allein ansehen/
sein wort hören / vnd dem sel=
ben gleuben/Das ist/wir müs=
sen sein Wort für war halten/
vnd desselben vns trösten / wi=
der vnser böses Gewissen/Deñ
es feilet nimer mehr/dein hertz
wird zu weilen schwach vnnd
        C ij   zweiffel‧

zweiffelhafftig/ Da ist das best
vnnd gewisseste/ das du dic
flugs ans wort / welchs de
Geistes schwert ist/ haltest/vn
mit dem selben schwert wider di
zweiuelung fechtest.

Wer nu das thuet/der wir
trost empfinden. Denn da
wort Christi/ ist das lebendig
wasser/welchs allein/ vnd son
nichts in der gantzen weite
welt/ der Seelen durst stillet
vnd gewisse ewige freude a
richtet. Wer aber das wort en
weder nicht weis / oder nic
braucht/dem ist vngeholffen.

Nu sihet man aber das die lere im Bapstumb durch aus auff vnsere eigen werck vnd verdienst gegründet ist/ Da weiset man die armen Gewissen hin. Vom rechten Hirten aber/ durch welches Tod allein wir vom ewigen tod gefreiet sind/ schweigen sie gar stille.

Was aber solches für ein jamer/ vnd grewel sey/ findet sich aus dem herrlichen Spruch Johan. xj. Cap. da Christus also spricht.

Ich bin die Aufferstehung vnd das Leben/Wer an Mich

Mich gleubet/ der wird leben / ob er gleich stürbe. Vnd wer da lebet vnd gleubet an Mich/ der wird nimer mehr sterben.

JSt dieses war/ wie denn je kein CHRist daran zweiuelen sol/ Denn der Son Gottes selbs/ sagt alhie/ In was fehrlichem Stande alle die se leben / welche Gottes wort nicht haben / vnd dem selbigen nicht gleuben? Denn da ist beschlossen/ weil sie Christum nicht

nicht haben/der die Aufferstehung vnd das Leben ist/das sie
auch keine selige Aufferstehung
noch Leben haben werden/son-
dern im tode vnnd verdamnis
ewiglich bleiben.

Denn der HErr Christus
heisset aufferstehung nicht blos
das/das am jüngsten tage böse
vnnd gute sollen aufferwecket
werden/Sondern er meinet eigentlich die selige aufferstehung
zum ewigen Leben. Wer der be-
geret/wo sol er hin? wo wil er
diesen Schatz suchen vnd finden? Zu Mose darff er nicht/
denn er ist selbs gestorben/vnd

L iiij   hat

hat sich wider den tod nicht erretten könn̄. Allein mustu dich hieher finden/ nemlich/ zu dem Ertzhirten/ der da spricht/ Ich bin die Aufferstehung vnd das Leben. Solches kan weder Moses/ noch einige Creatur im Himel noch auff Erden von sich rhümen vnd sagen / Allein ists der Son Gottes/ welcher Joh. am x. Cap. also spricht.

Mein Vater liebet mich darumb / das ich mein Leben lasse / auff das ichs wider neme / Niemand

mand nimpt es von mir/sondern ich lasse es von mir selber/Ich habe es macht zu lassen/ vnd habe es macht wider zu nemen.

Wir haben auch das leben / aber wir müssen es lassen/ vnd in den tod kriechen / wenn es Gott gefelt. Wenn wir aber im Tod sind/ ists vnmüglich/ das wir vns aus dem tod wircken köndten.

Diese

Diese meinung hat es mit Christo nicht / der stirbet willig am heiligen Creutze / wenn es jm gefellet. Denn sonst solte der Teuffel also starck nicht sein gewesen / das er jn erwürget hette / wo er nicht selbs willig / von jm selber sein Leben gelassen hette. Als er sich aber hat erwürgen lassen / vnd am dritten tage ist wider aufferstanden / vnd hat das Leben wider genomen / wie er sagt / Ich habe es macht zu lassen / vnnd habe es macht wider zu nemen. Lebet er nu in einem vnsterblichen ewigen wesen / als ein HErr vber
tod

tod vnd Leben / wie er denn hie spricht/ Ich bin die Aufferstehung vnd das Leben.

Solches redet er nicht für seine Person/ sich damit zu rhümen / Sondern vmb vnsern willen geschicht es/ das wir lernen/ wo wir gewissen trost wider den ewigen tod finden mügen/ nicht bey Mose vnd dem Gesetze/ nicht bey der Heiligen fürbitte vnd verdienst/ wie der Bapst felschlich leret/ nicht bey vnsern guten wercken vnd heiligem leben/ Sondern allein bey dem HErrn Christo / Denn sonst ist niemand der dieses wort

wort mit der warheit reden kan/ Ich bin die Aufferstehung vnd das Leben. Alle andere Adams kinder müssen sprechen/ Ich bin sterblich vnd mus dem Tod herhalten/ kan mir selbs zum leben nicht helffen. Was ist aber das mittel/ da mit wir aus dem tod komen? Das zeiget Christus selbs an / auff das ja niemand vrsach zu zweiffeln habe.

Wer an Mich gleubet/ der wird leben/ ob er gleich stürbe.

Hie

Je hörestu abermal/ das der HErr Christus weder von Mose/ noch von den zehen Geboten/ weder von bürgerlicher erbarkeit/ noch zucht saget/ denn dieselbe lere gehöret nicht hieher/ wenn dauon gehandelt wird/ wie man vom ewigen Tod sol ledig werden. Solche lere ist Mosi zu hoch/ Da gehöret allein der Son Gottes zu. Darumb sollen wir vns für lesterungen hüten/ das wir vnsere werck nicht setzen/ neben das opffer des Sons Gottes/ als weren sie zum Ewigen Leben förderlich

Chri=

Christus (wo dem also were) würde es nicht verschwiegen haben. Aber dabey lessts der HErr Christus jmer bleiben/ das er für vnnd für/ anders nicht leret noch prediget/denn/

Wer an Mich gleubet/ der wird leben.

Die heisset gleuben / nicht wie es die Papisten verstehen/ die Historia wissen/wie sie der Teuffel seer wol weis (Judas der Verrheter auch wol) vnd doch im tod vnd vnter Gottes zorn bleibt. Sondern

dern gleuben heisset/ das wort vnsers HErrn Jhesu Christi wissen/ es für war halten/ vnd sich von hertzen desselben trösten/ wider sünde vnd vnser böses Gewissen.

Dis ist aber nicht ein schlecht oder gering ding/ Denn es mus ein Mensch seinem eigen hertzen widerstreben/ alle sinn vnd gedancken zu bodem schlagen/ vnd stracks an dem wort vnsers HErrn Jhesu Christi halten/ sonst nichts in der gantzen Welt hören noch sehen. Da gehöret aber ein sonderlicher Meister vnd Lerer zu/ der
heilige

heilige Geist / das er vnsern
geist helffe / auff das wir fest an
Wort bleiben / vnd vns vor
hertzen desselben trösten. Da⸗
heisset denn recht gleuben. Da⸗
gegen die Papisten einen sol⸗
chen glauben haben / den auch /
wie sie selbs bekennen / die Gott
losen vnd verdampten haben.

Was richtet aber dieser rech⸗
te glaube an Jhesum Christum
an? Oder wo zu geniesen wir
desselben glaubens? Das lere
der HErr Christus weiter / da
er spricht.

We

Wer an Mich gleubet/ der wird leben / ob er gleich stürbe.
Item.
Wer da lebet vnd gleubet an Mich / der wird nimer mehr sterben.

Das ist / Es ist Gottes ordnung/ das alle menschen sterben müssen. Wer aber mein Wort hat/ vnd gleubet / derselbige / ob er gleich stirbet/ so wird er in / vnd vnter dem tod das Leben finden / vnd nicht sterben.

M Wenn

Wenn doch die elenden Papisten einen solchen einigen Spruch hetten von guten wercken/ der klar lautet/ Das gute werck zum ewigen leben fürderlich weren/ So hetten sie vrsach zu schreien vnd rhümen wider vns/ Aber keinen haben sie/ noch schreien sie für vnnd für wider den glauben/ vnd lestern/ Der glaube mache alleine nicht gerecht. Aber lieben Hern/ köndet jr Deudsch/ oder Latinisch/ oder Griechisch/ so soltet jr je ewern jrrthumb erkennen vnnd bekennen.

Der

Der HErr Christus spricht ja klar/Wer an Mich gleubet/ der wird leben. Was heisset leben? Du must je bekennen/ wo Sünde ist/das da auch der tod ist/Vnd kan nirgend das leben sein/ denn wo keine Sünde ist. Sollen nu die leben die an Christum gleuben/ so mus folgen / das der glaube vergebung der sünden / vnd gerechtigkeit mit sich bringe / Denn wie gesagt/Leben vnd Sünde können nicht bey samen stehen. Wie kan es denn vnrecht geleret sein/ wenn wir sprechen / der glaube mache allein gerecht?

M ij Sehet

Sehet doch die wort Christi an/ Weiset vns/ wo er der Werck gedencke? In so vielen Sprüchen/ die wir nach einander itzt erzelet haben/ ist doch nicht ein wort/ welches von vnsern wercken/ von vnserm verdienst vnd wirdigkeit/ vnd des Gesetzes wercken meldung thete/ Aber dis findestu für vnd für darinnen/ das Christus spricht/ Ich bin das Leben. Ich bin das Liecht der welt. Ich bin das rechte Himelbrod/ Ich gebe lebendiges wasser etc. denen die an Mich gleuben.

Dar-

Darumb mag sich für des Wolffes/ des Bapsts/ predige ein jeder nur seer wol fürsehen/ vnd wie eine Teuffelische gifft die selbe fliehen. Denn sie ist wider Gott vnd sein Wort/ vnd füret auff einen vngewissen sand. Wir aber bedürffen eines Felsen/ da wir sicher vnd feste auff stehen/ vnd halten mügen in der letzten not des todes. Deñ es ist hie nicht zu schertzen/ es ligt vns ewige seligkeit daran. Derhalben bedarff es trewliches warnens/ vnd stetiges anhaltens/ auff das niemand durch falsche lere betrogen werde.

Vnd

Vnd ist one zweiuel ein sonderlicher Teuffels griff / Das die Welt heutes tages so zarte ohren hat/wil nicht leiden/das man den Bapst vnd seine Papisten/die doch alle welt begeren zu verfüren/vnd in ewiges verderben/durch falsche lere zu stossen/ öffentlich von der Cantzel nennen sol/Sagen/man sol die warheit predigen/ vnd nicht die Leute schmehen/man sol lernen vnd nicht lestern. Also witzig vnd gelert sind sie diese zeit her/ aus dem Euangelio worden.

Wir haben mit den Leuten oder Personen nichts zu thun/
ders

derhalben vns geschicht gewalt/ wenn man saget / Wir lestern den Babst vnd die Bischoue. Mit dem Ampt haben wir zu thuen / das sie mit dem selben nicht recht vmbgehen/ vnnd die Lere betrieglich füren / da die Leute wehnen wöllen / sie sind auff dem rechten wege gehn Himel / stossen sie sie dem Teuffel/ vnd der Hellen mitten in den rachen. Ja warlich des solte ein Prediger lachen / dazu stille schweigen/ oder gnad Jungher noch dazu sagen. Ruffen vnd schreien sol man dawider/ vnd nicht wie es die Weltweisen haben

ben wölle/stumme Hunde sein die nicht bellen / vnd den Seel dieben vnd mördern nicht weh ren / wie Esaie am lvj. Cap geschrieben stehet.

Es ist schadens vberaus gnug / das man im Bapstum die lere so gar verderbet/vñ aller voller seelen gifft ist. Aber da ist noch die vntrew dabey / das sie solche predigten vnsers HErrn Jesu Christi/ jren Leuten mut- williglich verschweigen vnd ver- halten. Wenn hastu in einer Mönchs Predigt dein leben- lang den Spruch gehöret/Jo- han. xij.

Itzt

Itzt gehet das gericht vber die Welt / nu wird der Fürst dieser Welt hinaus gestossen werden. Vnd ich / wenn ich erhöhet werde von der Erden / so wil ich sie alle zu Mir ziehen.

Darumb mus es dabey bleiben / das du entweder / so du es vermagst / jnen oder vns das Ampt nemest. Wenn sie auffhören zu lestern / vnd die Leute durch falsche

sche lere nicht mehr verfüren
So wollen wir gerne schwe
gen / vnnd mit jnen zu friede
sein. Denn wir haben mit kei
nes Menschen Person zu schaf
fen / mit dem Ampt haben wi
zu thuen. So du das vns ver
bieten wilt / wie man sich itz
vnterstehet / So sihe dich ebe
für / was du anrichtest / der di
eines andern vnd höhern Herr
knecht oder Diener meistern
vnd nach deinem Kopff regie
ren wilt. Denn hieher gehör
auch der Spruch S. Pauli,
Rom. xiiij. Vnd wol dir / wen
du dir sagen lesst / vnd nimes
dich

dichs an/ Wer bistu / der du einen frembden Knecht richtest?

Die Welt heisset der HErr Christus anders nichts/ denn des Teuffels Regiment/ welcher vnter den Leuten grewlich rumoret vnd tobet / da einen in sünde stösset / dort den andern das er hader vnd mord stifftet / den dritten mit dem strick der vnzucht verwickelt/ Item etliche böse Buben wider die frome Christen erreget / vnnd was dergleichen sünde mehr geschehen. Denn dis heisset des Teuffels reich. Vnd weil er die

Welt

Welt so willig findet / heisset ein Fürst der Welt / Ja S. Paulus nennet jn einen G[ot] der welt/ welchem die Welt d[ie]net/ vnd seines willens sich fle[i]siget.

Dieser hat bis auff Chr[i]stum seinen Rant/ vnd one al[le] hindernis seinen vollen lauff [in] der Welt gehabt/ sonderlich v[n]ter den Heiden / durch abgött[e]rey so mancherley jamer g[e]stifft/ als were er selbs Got/ vn[d] hette macht zu thuen was j[m] gefiel. Da ist niemand gewe[st] der jm gewehret hette. Gott lie[ß] jm raum / thet die augen zu[.]
Vn[d]

Vnd lies seinen zorn vber die vndanckbare welt gehen / bis die selbige zeit der gnaden keme/ vnd dasselbige stündlin/ da Christus hie von saget.

Itzt gehet das gericht vber die Welt/ vnnd der Fürst der Welt wird ausgestossen werden.

Das ist/ Der Teuffel mus verfaren / das ein stercker vnd gewaltiger denn er/ da sey/ der jm in sein Reich fallen/ jn vberwinden/ vnd seinen Har-

Harnisch / darauff er sich ve[r]
lies/neinen werde. Solches i[st]
auff diese weise geschehen/ Da[s]
vnser lieber HErr Jesus Chr[i]
stus/ sich vns Menschen zu g[ut]
gedemütiget hat/bis in den tod[/]
hat den Teuffel vnd die besess[n]
Jüden lassen zürnen / tobe[n]
vnd wüten/ vnd/wie er selbs sa[=]
get / hat er den Wolff sich er[=]
würgen vnd fressen lassen/ da[=]
Teuffel vnnd Jüden darübe[r]
frölich gewest/vnd anders nich[t]
gemeinet haben/denn sie hette[n]
nu gewonnen/ Weil er hinun[=]
ter were / würde er jnen nich[t]
mehr zu schaffen machen. S[o]
he[r]

hen also jr gericht nicht. Vnd sonderlich der Teuffel hielts nicht dafür / Weil CHristus hinunter were / das sein Reich solt allererst angehen vnd mech=
tig werden.

Aber der gestorbene Chri=
stus stehet am dritten tage wider auff / in ein newes ewiges Le=
ben/vnd feret sichtiglich gen hi=
mel/nach dem er viertzig gan=
tzer tage bey seinen Jüngern gewesen ist / vnd jnen gepredi=
get/vnd sie getröstet hatte. Das der Satan nu fortan sein vrteil haben / vnd nicht mehr also in der Welt seins gefallens rhu=
mo=

moren kan/weil er ist ausgesto
sen/vnd Christus eingesetzt. E
ben als wen̄ man einen Tyran
nen aus dem Lande jaget / vo
wegen seiner Tyranney / de
mag wol durch plackerey z
weilen sich etwas vnterstehen,
Aber ins Land kan er nich
mehr komen/ noch Herr darū
ber sein.

Eben also gehet es hie auc
zu/ Die Welt ist gericht / vn
der Teuffel ausgestossen / da
jnen fort hin aller gewalt geno
men/ vnd sie mehr nicht ver
mögen/ denn jnen Gott ver
henget. Eben wie ein Ketten
hund,

hund/der mag freidig sein/sich an der ketten reissen/bellen/vnd schreck ich stellen/Aber er kan nicht schaden thun/wie er gerne wolte/das macht das er an die ketten gebunden ist. Derhalben wenn du nicht mutwillig jm zu nahend gehest/kanstu on alle sorge für vber gehen/sein bellen vnnd zeen blecken schadet dir nicht/Jm aber thuet es hertz-lich wehe/das er nicht schaden sol thun.

Das ist nu vnsers lieben HErrn Christi werck/vberaus tröstlich für vns arme Men-schen/Das wir Gott vnd nicht
N   den

den Satan fürchten sollen/da[s]
wir Gott/ vnd nicht dem Sa[-]
tan folgen sollen/ noch vns vn[-]
ter sein joch ergeben / Denn e[r]
ist nicht vnser Herr / der vn[s]
zwingen vnnd seines gefallen[s]
treiben köndte. Der welt Fürs[t]
ist er /Aber durch den HErr[n]
Christum ausgestossen.

Zwar er kan dich wol an[-]
fechten mit dieser oder ander[n]
Sünde/ vnd vnterlessets auc[h]
nicht/ Es ligt aber auch an dir/
ob du jm folgen wilt. Denn e[s]
ist gewis/ das jm seine mach[t]
genomen ist / So bistu im na[-]
men Jhesu Christi getaufft/ ge[-]
hörе[st]

hörest derhalben vnter einen andern HErrn. So nu der böse Feind dich entweder zu sündē reitzen / oder aber dir begert schaden zu thun / Folge jm nicht/ erschreck auch nicht seines fürnemens halben. Finde dich zu deinem Erbherrn Christo/ dem Son Gottes/ Ruffe jn an vmb beistand vnd hülffe/ Wie du sihest/den gemeinen brauch/ so in der Welt ist / wenn ein Lehenman von frembder herrschafft vnbillich angrieffen wird Da suchet er am nehesten hülffe bey seinem Lehenherrn/ Der ist denn auch verpflicht / das er sol seinen

seinen Lehenman retten / vnn[d]
für vnbillichem gewalt schü[tz]
zen. Also hat vnser lieber HEr[r]
Christus/aus lauter gnade si[ch]
gegen vns verpflichtet / Wi[r]
sollen vns nur melden / die n[ot]
anzeigen /vnd in seinem Nam[en]
bitten/ so sol es erhöret sein.

 Diesen seligen herrliche[n]
trost verschweigen die Papisten
das wir jn durch Christum ha
ben / vnd weisen dieweil in ei[n]
Mönchkloster / zum Messop[f]
fer / zu der verstorbenen Heili
gen hülffe vnd fürbitte. Got[t]
wölle jnen wehren / vnd solch
grewliche sünde an jnen stra
ffen/ Amen. S

So ist nu durch den HErrn Christum/ des Teuffels reich zerstöret/ nicht allein also/ das der Satan vns nicht zwingen/ noch als seine Leibeigen treiben kan/ Sondern auch also/ das Christus seinen Geist vns mitteilet/ der bey vnserm geist stehen/ vnd vns wider den Teuffel sol kein pffen helffen. Für solche vnaussprechliche wolthat sollen wir je dem HErrn Christo alle tage vnd stunde dancken/ Denn sonst ist keine rettung noch hülffe/ wider den argen listigen Feinde/ denn der Son Gottes/ vnser lieber HErr Jesus Christus.

stus. Also leret er vns selbs/ Johan. xv. One mich könne jr nichts thuen.

Aber der Bapst hat ein andere hülffe / er hat geweihet Wasser / geweihet Saltz / geweihet Marien würtz/ geweihete Palm. Damit vertreibet er den Teuffel. Von der zuuersicht an den Son Gottes/ das er den Teuffel aus seinem Reich gestossen habe / das wir im Namen Christi getaufft/ vnd jn zum Herrn haben / da saget er nicht ein wort von/ sein geweihet wasser thuet es gar. Aber wir müssen die Blindenleiter gehen/

gehen/ vnd sie jres vrteils warten lassen. Wir wöllen hören/
was Christus weiter saget / dauon die Papisten auch nichts
leren.

Ich (spricht er) Wenn ich
erhöhet werde von der
Erden/ so wil ich sie alle
zu Mir ziehen.

Solches spricht S. Jo-
hannes der Euangelist/
habe der HErr gesagt/
zu deutten welches tods er sterben würde. So ist es offenbar
vnd

vnd klar aus dem ersten Spruc[h]
des dritten Cap. droben vo[r]
der erhöheten Schlangen/ da[s]
es anders nichts ist/wenn Chri
stus spricht/ Ich werde erhöhe[t]
werden/ von der erden/ denn s[o]
er spreche/ Ich werde wie ein
Vbeltheter/ ans Creutz geschla-
gen werden/ vnd daran sterben.

Wie reimet sich aber di[s]
mit dem herrlichen wesen / dauon Christus rhümet/ Er sey
das Leben / er sey das Liecht der
welt/ Auff das/wer an jn gleu-
bet/ nicht im finsternis bleibe/
Er sey das Brot Gottes vom
Himel

Himel komen. Sol denn der sterben/der das Leben ist? Sol der wie ein Ubeltheter am Creutz hengen/welcher der welt Liecht vnd Leben ist? Das reimet sich vber die massen vbel zusamen.

Aber hie stehet die vrsach/ Für sein Person darff der liebe HERR Christus nicht sterben/ Ja er köndte fur seine Person nicht sterben/ wo er nicht selbs wolt durch solchen tod vnsere sünde abkauffen/vnd vnsere Seele vnd leib vom ewigen tod erretten. Denn die sünde ist für Gottes augen so ein grewliche Last/

Last/das sie niemand tragen noch dafür hat können gnug thun/denn der Son Gottes selber/durch einen solchen harten vnd schmelichen tod/wie Christus seer fein saget. Ich werde darumb erhöhet von der Erden/das ich sie alle zu mir ziehe.

Hie sihest du sein hertz/ Er wil vns nicht von sich stossen/ ob wir wol arme elende Sünder sind/ vnd des ewigen Tods derhalben wirdig? Sondern zu sich wil er vns ziehen von der erden vbersich/ Henget derhalben da mit ausgereckten armen. Als

Als wolt er sagen/wie er Matthei xj. spricht / Kompt her zu mir alle/die jr müheselig vnd beladen seid / Ich wil euch erquicken.

Ja lieber HErr / bistu doch selbs elend / Hettestu doch nicht einen trunck wassers/ damit du dich in deinen höchsten Todtes nöten labetest. Wie sol ich denn gedencken / das du mir helffen werdest/ der du selbs im tod / in schand vnd schmach hie hengest/ wie ein ander Vbeltheter/der in Weltlicher Oberkeit straffe komen ist?

Ja

Ja mein liebes Kind/ sol
ches ist geschehen / nicht das d[u]
dich daran ergern soltest / den[n]
ich leide es willig / fürsetziglic[h]
vnd gerne. Sondern tröste[r]
soltu dich des/ denn es ist dir vn[d]
andern Sündern zu gute ge[=]
schehen/ Vnd ist vnmöglich ge[=]
west/ Gottes zorn auff eine an
dere weise zu stillen. So kom[=]
nu / fleuhe nicht für mir / geh[e]
zu mir/ lasse dich ergreiffen/
lasse dich ziehen/ darumb heng[e]
ich am Creutz/ das ich dich vo[n]
der Erden zu mir ziehe / vnn[d]
mit mir füre in ein ander vn[d]
ewiges Leben.

Also prediget allein der Son
Gottes. Moses prediget nicht
also/ Petrus vnd Paulus auch
nicht / Sie können jre Person
der massen nicht rhümen. Was
solte denn der leidige Bapst mit
seinem Hauffen predigen / der
den Teuffel mit einem ange=
brentem Palme zweige / vnnd
geweihetem Wasser vertreiben
wil?

So lerne nu ein jederman
zum HErrn Christo sich fin-
den/ vnd bey jm rettung wider
die sünde vnd den ewigen Tod
suchen / vnd gewis gewarten.
Denn höre wie er balde her-
nach saget .   Jhe-

Jhesus rieff vnd sprach/
Wer an Mich gleubet/
gleubet nicht an mich/
Sondern an Den/der
mich gesand hat/Vnd
wer Mich sihet/der si-
het Den/der mich ge-
sand hat.

ES brauchet der HErr
Christus hie eine sonder-
liche weise zu reden/da er
spricht/Wer an jn gleube/der
gleube nicht an jn/sondern an
den Vater. Er wil aber damit
anzei

anzeigen / Wer des HErrn Christi Wort habe / der habe Gottes wort / Wer aber Christi wort nicht habe / der habe das rechte Wort nicht. Also wer Christum sehe vnd erkenne / der sehe vnnd erkenne den Vater / Vnd on den Herrn Christum / könne niemand Gott recht erkennen.

Weil es denn vom HErrn Christo also beschlossen ist / Joh. v. vnd xvij. Cap. Das das ewige leben sey / Gott erkennen / vnd Den / den er gesand hat / So ists gewis / das niemand kan selig werden / er gleube denn an

an Christum / vnd sehe oder er
kenne jn. Solchs erkennen abe[r]
ist nichts anders deñ an jn gleuben / das er sey der ewige So[n]
Gottes/in diese welt komen/da[s]
er der welt Liecht sey / Vnd di[e]
Welt durch jn selig werde.

Wer dieses weis/der erkennet auch Gott den Himlische[n]
Vater / das er gnedig vnd gü[-]
tig sey/Sintemal er seines eini[-]
gen Sons nicht hat verscho-
net / Sondern vmb vnsern willen in den tod gegeben. Wo di[e]
erkentnis ist / da thun sich di[e]
hertzen gegen Gott auff/leben[/]
loben/ vnd preisen solchen gne[-]
dige[n]

digen Gott/vnnd dancken jm
für seine gnade/ Da da gegen
die Andern so solchs nicht wissen
noch erkennen/ Gott für einen
zornigen Gott halten/ für
jm fliehen/vnnd keiner gnade
sich zu jm versehen können.
Deñ sie haben/das recht Liecht
nicht/ ob sie gleich Moses vnd
jrer eigen vernunfft Liecht haben/
Darumb spricht Christus
weiter.

Ich bin komen in die
Welt ein Liecht/ auff
das/ Wer an Mich
gleubt/

gleubt / nicht im finster
nis bleibe.

Das ist ja auch klar ge
redt / Wenn du da
ware liecht/ den Herrn
Christum vnd sein Wort hast
vnd daran gleubest/ das du vo
der finsternis erlediget bist/ Go
recht erkennest / vnnd in einen
frölichen guten Gewissen lebest
   Wer aber dis Liecht nich
hat / oder hat es / vnnd gleube
doch nicht / der bleibt in finster
nis stecken/ vnd weis nichts vor
Gott/ wird auch in seinem ge
wissen nimer mehr zu frieden/
                Denn

Denn ausser diesem Liecht/ dem HErrn Christo/ ists alles eitel finsternis/ Vnd sollen die vngleubigen am Jüngsten tage jr vrteil hören / da Christus hie drewet/ vnd spricht.

Wer mein Wort höret/ vnd gleubet nicht / den werde ich nicht richten/ Denn ich bin nicht komen/ das ich die Welt richte/ Sōdern/ das ich die Welt selig mache. Wer Mich veracht/ vnd
D ij   nimpt

nimpt mein Wort nicht
auff / der hat schon den
jn richte / Das Wort
welches ich geredt habe,
das wird jn richten am
Jüngsten tage.

DJEse Predigt ist zu
gleich schrecklich vnnd
tröstlich. Schrecklich
ists / das etliche das Wort haben / aber sie achten sein nicht,
gleuben nicht / nemens auch
nicht an / Die lest Gott hinge-
hen / ziehet sie mit den haren
nicht herzu/ wiel sie das Wor-
ver

verachten. Aber am Jüngsten tage/ spricht Christus/ wird an tage komen jre Heucheley/ verachtung des worts vnd vnglaube / Da wird mein Wort sie richten / welchs die seligkeit vnd Gottes gnade jnen hat angeboten/ wie es den ein öffentliche Predigt ist / vnd niemand von der gnaden Gottes ausschleusset / sondern alle foddert/ fürnemlich die engstigen Gewissen/ welche von wegen jrer sünde bekümert sind/ vnd gern dauon los würden.

Wer nu also verstockt ist/ vnd lesset jm mehr an menschen gunst/

gunst / an gelt vnnd gut / Ja
auch an seinem leib vnnd leber
gelegen sein / denn am Wort,
wie man leider allenthalben ir
der welt sihet/ Weil der selbe di
gnade nicht wil haben / ja ver
achtet sie/hat er sein vrteil schor
dahin. Denn er wil das Wor
nicht/so ist sonst kein ander mit
tel/durch welchs er zu gnade ko
men kündte. Dieses vrteil wirt
am jüngsten tag offenbart wer
den / da werden die Heuchle
nicht mehr wie hie auff Erden,
jr vngleubige hertz bergen mü
gen. Denn hie auff Erden ge
het es durch einander / ist man
che

cher der sich für einen Christen ausgibet / ist doch nur ein gemalter Heilig / one glauben vnd vol heucheley / das mus man also beschehen lassen / Denn wir können den Leuten nicht in das hertz sehen / Aber an jenem tage mus es alles offenbar werden.

Das ist nu ein erschrecklich ding / das der Teuffel die hertzen also gefangen helt / das sie das Wort hören sollen / vnnd doch nicht gleuben / vnd also das Liecht verlassen / vnd in der ewigen finsternis bleiben. Widerumb ists vberaus tröstlich / das Christus spricht.

Ich bin nicht komen / das ich die Welt richte / sondern das Ich die Welt selig mache.

WJE könde doch vnser lieber HErr Christus freundlicher mit vns reden? Ich bin nicht komen/ spricht er/ das ich die Welt richte/ das ist/ Die Vrsach / darumb ich bin Mensch worden/ ist nicht diese/ das ich der sünder Feind sey/ oder sie straffen wölle. Derhalben sol kein Mensch ein böses hertz gegen mir haben/
noch

noch mich fürchten/vnnd für mir fliehen. Das gegenspiel sollen sie gleuben vnd hoffen/Das sie sonst vmb jrer sünden willen schlecht hetten verzagen müssen/vnnd ewiglich verderben/ Bin ich komen sie selig zu machen/ das ist / Jnen jre sünde vergeben/ vnd vom ewigen tod helffen.

Hie hörestu widerumb/wo diese seligkeit zu finden sey/nicht bey Mose vnnd dem Gesetze/ nicht in guten wercken oder bürgerlicher zucht / Dasselbe alles ist viel zu gering vnd schwach. Allein thuts der Son Gottes/

der füret diesen Namen mit ehren/das er Jesus heisse/ein Helffer. Doch der nicht fürnemlich in diesem zeitlichen Leben wil ein Helffer sein/denn er lesset seine Christen vnter dem Creutz in not vnd angst einher gehen/ Seine hülffe ist eine ewige hülffe / das er die Sünde hinweg nimpt/vnd den tod vberwindet/ das er vns nicht halten / noch das ewige Leben hindern kan.

Wie aber vnser lieber HErr Jesus Christus solches ausrichte / ist Gott lob offenbar / vnd nu eine wolbekandte Lere bey vns/nemlich/ Das er vmb vnsern

sern willen Mensch wird/ vnd am stamme des Creutzes für vnsere sünde stirbet / Auff das wir durch jn von sünden ledig/ gerecht/ vnd selig werden. Solche gnade vnd gabe hat er in die heilige Tauffe eingeschlossen/ das/ wer da gleubet vnd getaufft wird/ sol selig werden. Vnd im Abentmal verheisset er der gleichen/ Sein Leib sey für vns gegeben/ vnd sein Blut für vnsere sünde vergossen. Da mangelt es an nichts / denn das man es gleube / vnnd solcher zusagung sich tröste/ so sol gewisse seligkeit folgen.

Wie

Wie der Herr bald hernach im xiiij. Cap. Johannis auch saget.

Ich bin der Weg / die Warheit vnnd das Leben.

ES fraget der Apostel Thomas den HErrn Christum / Welches der weg sey / da man zu Gott kome / vnd jn sehen müge? Auff solche Frage antwortet der HERR Christus / Ich bin der weg. Das ist / wo man Christum nicht hat noch kennet / da ists vnmöglich das man Gott recht könne

könne kennen. Wer aber Christum hat/ das ist / Wer sein wort hat/ vnd seinen gang darnach richtet/ Psalm. cxix. das ist / dem selben fest gleubet / der findet Gott / vnnd sihet Gott. Das ist/ Er lernet Gottes hertz vnd willen erkennen/ das er sich für Gottes gericht nicht mehr fürchtet / sondern trawet auff seine güte / welche er sihet/ das sie durch Christum vns widerfaren ist.

Was zeihen sich denn die vnseligen Papisten / die diesen wege/ der eben/ schlecht/ wolgebahnet/ vnd gantz vnd gar richtig

tig ist/lassen anstehen/vnd machen jnen eigene wege. Der gehet her in S. Franciscus orden/ Der ander in S. Dominicus orden. Diese wege gefallen jnen/ hoffen dadurch zu Gott in das ewige Leben zu komen. Der dritte wil durch Messe lesen vnd stifften in Himel komen. Der vierde durch Walfarten gehen/ vnd der Heiligen fürbitte.

In summa/ so viel Menschen im Bapstumb sind/so viel neben wege wirstu finden/ keiner der gerade zugehe/Das ansehen haben sie wol/ als weren
es

es rechte wege/ Denn es gehet fast die gantze Welt darauff. Aber doch sind es eitel jrre wege/ man kan zu Gott auff solchen wegen nicht komen/ Christus allein mit seinem Wort ist der rechte wege.

Zum andern ist Er die warheit/ Das ist/ der rechte vnbetriegliche weg/ Da gegen alle andere wege/ Lere vnd Leben nichts deñ triegerey/ vnd lauter lügen sind/ die je lenger je mehr vns von dem rechten wege abfüren.

Zum dritten spricht Christus/ Ich bin das Leben/ Damit

mit schleusset er alle andere ler
aus / das sie nur in ewigen to
füren / vnnd zum Leben nime
mehr können füren. Wie wi
dergleichen Sprüche drobe
mehr gehöret haben/vnd vnno
ist/das mans hie widerhole/vn
Christus hie klar spricht.

Niemand kompt zun Vater den durch Mich

DA mus je folgen / We
Christum nicht hat / da
er nimermehr zum Va
ter kompt / noch das Leben ha
ben kan. Es heisset aber zun
Va

Vater komen/den Vater recht erkennen/vnd seinen willen vnd sein hertz wissen/ Das kan/ wie oben auch gesagt/one den Hern Christum nicht geschehen.

Es heisset wol auch Gott erkennen / wissen das er Himel vnd Erden erschaffen hat / vnd vns menschen mit allerley Gaben in diesem Leben vberschüttet. Er lesset seine liebe Sōne leuchten vber böse vnd gute / Vnnd wie im lxv. Psalm stehet/ Krönet er das jar mit seinem Segen / Das jmerdar ein newes gewechs vber das ander kompt/ vnd alles was zur narung dienet/

P

net/ sich abwechslet. In diesen
monat hat der Fisch seinen
gang / vnnd ist naturlicher z[u]
essen denn in einem andern. D[a]
kompt ein ander art / die sic[h]
auch besser schicket. Also ist
auch mit der viehezucht. Iten[t]
mit dem Wilde / wechslet sic[h]
jmer eins nach dem andern ab
das man Gottes güte schier teg[-]
lich auff eine newe weise für v[ñ]
für spüret. Derhalben auc[h]
die Heiden solchs in achtung ge[-]
habt / vnnd daraus geschlosse[n]
haben/ Gott sey Leutselig / vn[d]
meine es mit den menschen seer
gut. Aber dieses alles ist das ge=
ringste/

ringste/dafür wir Gott dancken sollen/ vnnd von Gott wissen können.

Wer aber jn recht erkennen wil/ der sehe den eingeboren Son Gottes an/ welches der Vater nicht verschonet/Er lesset jn Mensch werden/in vnser armes fleisch komen/ vnd gibet jn für vns alle dahin/das er in der höchste schande am Creutz mus sterben. Das nu der Allmechtig/ Barmhertzig Gott/ vnd ewiger Vater vnsers Hern Jhesu Christi/ solches thuet/ das ist das grössest vnd gewissest anzeigē/ das er gnedig vnd barmhertzig sey.

Folget derhalben/ wo man Christum vnd sein Wort nicht hat/ noch gleubet/ das niemand zum Vater komen kan/ wie die wort dürr da stehen/ Niemand kompt zum Vater denn durch Mich. Komet man aber zum Vater nicht/ so kompt man auch ins Leben nicht/ So mus man ewiglich im Tode bleiben vnd verderben.

Derhalben solten wir vnsern höchstē fleis an das Wort legen / vns am liebsten in der Kirchen/ vnnd wo man sonst Gottes Wort handelt/ finden lassen/ es fleissig hören/ vnd jm
mit

mit ernst nachdencken. Solchs fleisses sollen wir geniessen/ nicht zu gelt vnd gut/ nicht zu Weltlicher ehre/ sondern zum höchsten vnd grössten Schatze/ nemlich/ das wir Gott erkennen/ vnd also durch solch erkentnis selig werden. Wie der Herr in diesem trefflichen schönen Spruch sagt/ Joh. xvij.

Das ist das ewige Leben/ das sie Dich/ das du allein warer Gott bist/ vnnd Den du gesand hast/

hast/ Jesum Christ/ erkennen.

Je redet der HErr Christus auch nichts von Mose vnnd guten Wercken/ denn sie gehören vnd fordern nichts dazu/ das man das ewige Leben habe. Das erkentnis thuets gar vnd allein/ das man erstlich Christum in seinem wort/ vnnd darnach in CHristo den Vater erkenne. Dieses ist der ordenliche richtige wege/ welchen wir wandeln müssen/ Vnd sollen vns ja fleissig fürsehen/ das wir diese ordnung

nung nicht verkeren/ vnd solche wichtige sache hinden anfahen. Wie vor zeiten in Klöstern der gemeine brauch gewesen ist/ Das die so sich mit ernst darumb annemen/ vnnd am nechsten begeren bey Gott zu sein/ die bekümerten sich mit der versehung Gottes/ vnd mit seinem wunderbarlichen vrteil/ welchs er in der Welt füret/ das er vnterweilen dem ordenlichen/ natürlichen wege nachgehet. Vnterweilen vber vnnd wider die natur blos nach seiner allmechtigkeit handelt.

Aber dieses heisset sich in das weite Meer begeben/ vnd in einem wilden finstern walde sich verirren/ da man nicht weis/ wo man hin komet. Denn wir können hie auff Erden seine gerichte vnd wege/ die vnbegreifflich/ vnd vnerforschlich sind/ nicht fassen/ Wie S. Paulus Rom. xj. Vnd j. Cor. j. saget/ Die welt verstehe Gottes weisheit nicht sie ergert sich allwege mehr darüber denn sie sichs bessert/ Darumb hat Got sich geoffenbaret in seinem Son/ Da müssen wir anheben/ wenn wir jn recht erkennen wöllen/

wöllen / nemlich / das wir jn ernstlich in der Krippen vnd seiner Mutter schos / in vnserm fleisch suchen / vnd darnach am Creutz ansehen / als das einige Opffer für vnsere sünde.

Wer das thut/der ist auff dem rechten weg zu Gott/ das er Gott erkennet in dem Herrn Christo/ vnd alles gutes sich zu jm versihet/Denn dieses heisset Gott erkennen/wissen/vnd sich des trösten/ das er/ vmb seines lieben Sons willen/ vns wölle gnedig sein. Solch erkentnis spricht Esaias / Cap. liij. mache vns gerecht. Stimmet also der Prophet sein mit der predigt vnsers HErrn Christi/ der auch saget/ Das ewige Leben sey/ so man Gott den HErrn Christum erkenne.

Aus diesen erzelten Sprüchen ist klar/ das die rechte lere zum ewigen Leben / allein diese sey/ welche der Son Gottes in diese Welt gebracht hat. Wer dieselbe annimpt mit rechtem glauben/ das er sich des HErrn Christi vnd seines sterbens tröstet/ vnd zu Gott derhalben das vertrawen hat/ er werde jnt vmb seines Sons willen / gnedig sein/ der hat das ewige Leben/

ben/Vnd sol jm nicht schaden/ ob er gleich wider die zehen Gebot gesündiget hat. Denn durch den glauben werden die hertzen gereiniget/vnd die sünde vergeben. Wie S. Paulus Rom. viij. auch zeuget/ Das nichts verdamlichs an denen ist/die in Christo Jhesu sind/ die nicht nach dem fleisch wandeln/ sondern nach dem Geist.

Denn wo der glaube rechtschaffen ist/ feiret er nicht/ sondern schaffet/das wir nicht mutwilliglich in sünden beharren/ Denn es reimet sich nicht/ durch Christum vergebung der sünden

sünden hoffen / vnnd doch vor sünden nicht wöllen ablassen/ sondern die selbigen heuffen/ vnd one besserung darin fort faren. So ists des heiligen Geists sonderlich Werck / das er von Sünden abhelt/vnd vns wider die sünde hilfft streiten. Derhalben/ wo man one busse in sünden lebet / da kan weder glaube noch Heiliger Geist sein / vnnd wird an solchen vnbusfertigen Leuten/ jmerdar eine sünde mit der andern gestraffet / wie wir am König Saul sehen.

So mercke nu vnd lerne/ das die rechte lere / dadurch wir
selig

selig werden / nicht sey Moses gesetze/wie die Phariseer gleubten/noch gute werck wie die Papisten schreien / noch eusserliche zucht vnd tugend / wie die Philosophi vnnd erbare Heiden gewehnet haben/Sondern allein das wort Christi/daſſelbe ſollen wir hören / vnd mit glauben annemen/das er/der Son Gottes/vns von Sünden vnd tod/ durch sein Opffer erlöset / vnd Gott seinem himlischen Vater mit vns verſünet habe/Das er vmb seinen willen/vns in ewigkeit wölle gnedig sein.

Das

Das heisset vnd ist rechter glaube / durch welchen glauben allein / vnd nicht durch die liebe / gute werck oder verdienst / werden wir gerecht vnd selig. Wie im zwentzigsten Capitel Johannis / der HErr Christus elber zu Thoma sagt.

Dieweil du mich gesehen hast / Thoma / gleubestu. Selig sind die nicht sehen / vnd doch gleuben.

WJE wil man doch solchen worten eine nasen drehen / das man gute

gute Werck mit ein ziehe/vnnd dem glauben die ehre neme/ das er nicht allein selig mache/ weil der HErr saget/Die sind selig/ die da gleuben. Was sol man gleuben? Nichts anders/denn wie Thomas saget/Das Christus vnser HErr vnd Gott sey. Vnser HErr/Das er vns mit seinem blut vnd sterben erkaufft hat/vnd vns jm zu einem eigen Volck gemachet. Vnnd vnser Gott/ das wir an jn gleuben/ vnnd rettung in allerley nöten bey jm/ als der Allmechtig ist/ suchen.

Dar=

Darumb der Heilig Euangelist/Johannes/sein Euangelium also beschleusst.

Viel andere Zeichen thet Jhesus für seinen Jüngern/die nicht geschriebē sind in diesem Buch. Diese aber sind geschrieben/das jr gleubet/Jhesus sey Christus der Son Gottes/vnd das jr durch den glauben das ewige Leben habt/in seinem Namen.

Wie

Wie kan man doch deutlicher vnd eigentlicher von der seligkeit reden? Alles was geschrieben ist von dem HErrn Christo/ sagt S. Johannes/ sey darumb geschrieben/ das wir gleuben diese zwey stück/ Dieser Jhesus von der jungfraw Maria zu Bethlehem geborn / sey der rechte Christ/ das ist/ der rechte Messias von Gott gesalbet vnd gesand in die Welt / das er der Schlangen den kopff zutrettē/ die Welt von des Satans Tyranney erlösen/ sünde vergeben/ vnd vom ewigen Tod sol ledig machen. Das

Das ander/ Das er Gottes Son sey/ auff den wir vnser hertz vnd vertrawen setzen/ vnd also jn/ als den ewigen Gott fürchten/ vnd wider sein Wort nicht thuen sollen/ Das ist der rechte eigentliche verstand dieser wort. Vnnd wird nimer mehr kein Papist so muttwillig böse sein/ der es straffen oder leugnen dörffte.

Was folget aber weiter? Was saget S. Johannes/ das solcher Glaube sol ausrichten/ Oder wo zu sollen wir solches glaubens geniessen?

Dazu/ das wir durch den glau

glauben das Leben haben in seinem Namen. Ah Gott / wie können die hertzen so hart verblendet sein? Was gleuben sey ist gesagt. Vnd hie stehet weiter / derselbige glauben bringe vns das Leben / nicht als vnser werck/sondern im namē Christi oder wie wir sonst auff Deudsch sagen / vmb des HErrn Christi willen. Weil der der geliebte Son ist/wie S. Paulus saget/ hat Gott der Vater alle die lieb/ vnd nimpt sie zu gnaden an/die an Jhesum Christum gleuben/ vnd durch jn aller gnade sich zu seinem himlischen Vater versehen.   D ij   Nu

Nu ist es oben offt gemelt/ das niemand keine vnterscheid zwischen leben vnd gerechtigkeit machen sol. Denn es ist nimer eins on das ander / gleich wie sünd vnd tod/ auch nimer mehr sich scheiden. Wo vergebung der Sünden nicht ist/ da ist vnmöglich das gerechtigkeit oder leben sein könne. So nu der glaube das leben gibet/ vnd das leben one gerechtigkeit nicht kan sein/ so mus je folgen/ das der glaube an Christum vnd sein Wort/ gerecht mache / vnd thue es allein on alle gute werck / vnd tugenden. Denn wo mit wil man
das

das wort Christi fassen oder annemen? Es mus je allein der glaube thuen/ der das wort höret vnd für gewis vnd war helt/ Mit deinen Wercken wirst du das wort nicht können fassen.

Das aber/ wo der rechte glaube ist/ auch gute werck sind/ vnd ein newes Leben sich anfehet/ das die hertzen zum gehorsam gegen Gott geneigt vnd willig sind/ da man sie zuuor von der sünde nicht köndte abhalten/ Aus solchem folget nicht/ das der selbe gehorsam eben das ausrichte das der glaube thuet. Es bleibeit die vnterscheid/ die zwischen

schen den Beumen vnnd den früchten ist. Die früchte machen die beume nicht gut/ der baum mus zuuor gut sein/ die früchte aber zeugen was art der baum habe/ ob er gut oder böse sey.

In summa/ Wer die gnad hat vnd sich wil berichten lassen/ vnd nicht mutwilliglich den Heiligen Geist lügen straffen/ wie doch des Bapsts Prediger alle thuen/ der sihet/ das die rechte lere/ vnd der einige weg zum ewigen Leben ist/ an den HErrn Christum/ vnnd sein Wort gleuben.

Bisher habe ich etliche Sprüche aus dem Euangelio S. Johannis welche klar anzeigen/ wie man müsse zur seligkeit komen/ darumb erzelet/ auff das diese lere vom rechten wege zur seligkeit/ jderman bekand werde/ vnd die jrrewege / welcher die gantze Welt vol ist/ jderman vrteilen könne/ Denn wie gesagt/ es ist hie leichtlich geirret/ Erstlich vmb des exempels willen/ das so viel Leute den jrrewege gehen/ vnd jnen eigene wege erdencken/ auff welchen sie getrawen zu vergebung der Sünde/

vnd

vnd Gottes gnade zu komen.
Nu sagt aber Christus klar/ Er sey der wege. Da mus je folgen/ wo wir nicht lauter vnd blos auff des HErrn Christi wort stehen/ wir nemen sonst für was wir wöllen / es heisse oder gleisse wie schön es wölle/ das es nichts denn ein jrrewege sey/ der in abgrund der Hellen füret. Wiewol aber solchs welt Exempel seer fehrlich ist/ Das/ wie Esaias sagt/ wir alle/ wie jrrige Schaff/ ein jeder auff seinem wege gehet/ vnd seer wenig bey Christo/ dem rechten/ warhafftigen wege bleiben/ So thuet

thuet doch das mehr schaden/ das vnser Vernunfft an dem Gesetz bleibet hangen/ vnd natürlich dahin geneiget ist/ das sie auff gute werck/ vnnd eigen verdienst bawet.

Darumb ist es nicht eine schlechte / noch leichte sache/ Denn der Teuffel schlecht auch mit zu/ vnd hindert den Glauben/ das die hertzen mehr auff eigen verdienst vertrawen/ denn auff Christum vnd sein Wort/ darauff allein der einige trost vnd hoffnung stehen sol.

Vnd weil auch dis thuen/ sonderlich in diesem Artikel zur

itzigen zeit/vmb vnuerschemptes verkerens willen/fehrlich ist/ habe ich derhalben diese Sprüche aus dem Euangelio S. Johannis/ welcher on das der Fürbund ist/ zu solcher lere von der seligkeit ausziehen/ vnd frommē Christlichen hertzen/dieselbigen zu andechtiger betrachtung wöllen fürstellen/Auff das sie jres harnisch vnd wehre rechte wüsten zu brauchen / Dieweil es vmb mancherley schrecklicher anfechtungen willen/ leider dahin komen ist/ das / wer nicht mit sonderlicher verwarung für sich gefasst ist/ der sol wol von
so

so schrecklicher ergernis ver-
stürtz werden.

Darumb so habe ein jder
auff den Schatz so herrlicher
grosser gnaden wol acht / vnnd
beware den selbigen so viel deste
vleissiger / sonderlich weil wir
itzt öffentlich für augen sehen/
das der vnsauber Geist / nach
dem er an vielen orten durch
das heilig Euangelium ist aus-
getrieben / so gewaltig widerumb eindringet / vnd seine alte
Herberg widerumb suchet / vnd
wider hin ein zeucht.

Nu für dem grewlichen ja-
mer / können wir nicht ober/
weil

weil die verachtung der grossen gnaden vnd gaben Gottes/ vnd vndanck derselbigen vrsach ist/ so mus man es Gott walten lassen. Aber neben solchem schrecklichen jamer in gemein/ so habe doch ein jeder auff sich vnd die seinen wol achtung / vnnd die weil die ergernis mit so schrecklichem anblick daher dringet / als müsste das Euangelium aus der Kirchen hinweg/ vnnd dem alten jrthumb widerumb weichen vnd raum geben.

So neme ein jeder zu sonderlichem trost / in solcher anfechtung das herrlich Bilde am Creutz

Creutz Christi für sich/ vnnd sehe das wol an/ Denn da wird er an diesem ort keinen trost hingelegt/ finden da sich die vernunfft am meisten gewisses trosts versihet/ Denn wider erkandtes Recht sol man sich billich keines gewalts versehen/ Wie mit Pilato/ nach dem er Christum zum öfftern mal vnschuldig erkennet/ da solte man sich billich keines gewalts versehen.

Aber da druckt die gewalt der finsternis für/ vnd nimpt Pilato sein eigē schwert aus der hand/ vnnd tödtet Christum
am

am Creutz wider sein eigen vrteil/da er spricht/ Ich finde keine schulde an jm. Das ist nu gar wider den strom/ nicht können bey dem Rechten bleiben/ vnd dazu müssen die Finsternis jres gefallens lassen jren mutwillen triben. Da es scheinet/ als habe sich Gott verloren/wie auch Christus klaget / Mein Gott / Mein Gott / warumb hastu mich verlassen? Denn dieses der gewalt der finsternis einreumen / das sie auch wider erkandtes Recht fare/ vnd alle vernunfft mutwillig auffhebe/ hat den schrecklichsten

an

anblick / als sey kein Gott mehr in himel vnd auff erden / der sich der armen Menschen anneme / das sie nu müssen durch ein ander lauffen / wie die wilden Thier / vnd die fische im Meer / wie der Prophet Hab. j. sagt / on ein Heubt vnd Oberkeit.

Aber Gott beweiset so bald vber Christum am Creutz seinen allmechtigen Trost / da er jtzund eben durch den vorigen Pilatum so gewaltiglich der gewalt der Finsternis entgegen tritt / Vnd da jderman meinet mit diesem Titel zu endern / da ste-

stehet *Iesus Nazarenus Rex Iudæorum*, sey die enderung am allerleichsten/ Da müsse alle gewalt der Finsternis zu rücke/ vnd hören/ *Quod scripsi scripsi*, Das das Euangelium/ *Iesus Nazarenus Rex Iudæorum* mus bleiben/ vnd sollen alle Pforten der Hellen nicht dawider.

Denn dieser gerechter vnd helffender König der Jüden/ soll allein der wege gen Himel bleiben/ trotz allem/ das solchs gedenckt zu endern/ da sol sich aller erst die rechte schand finden/

ben/ Wer sich an diesen Titel leget/ ob er schon zuuor wider den schwachen Menschen Jhesum von Nazaret/ der finsternis zu dienste/ hat alles ausgericht on allen widerstand. Aber vber diesem Titel sol sich widerstand findē/ so wunderbarlicher weise/ das man sich es nicht hette können versehen/ Das dieser Heide Pilatus itzund sich so manlich gegen die Hohepriester stellet/ vnd wil diesen Titel von jnen vngemeistert haben. Das sol vns auch aus diesem Euangelisten Johanne ein sonderlichs Trostbilde sein.

Gott

Gott verleihe vns / das wir so herrlicher Sprüche vnd Bilder / zu trost vnd sterckung wider alle ergernis recht mögen brauchen / welchem sey lob / danck / ehr vnd preis / sampt seinem einigem Son / vnnd heiligen Geist in Ewigkeit /
AMEN.

Gedruckt zu Kopen-
hagen/ durch Lorentz
Benedicht/1565.

Item @ møleer. Høns xpij
Septembris vard Helsing-
borg, fangin Koning
Frederings thiænd Anders
Pæleft vdj egin person,
tiænde feork aggregens
vdj thiæn førsthe war ej.
oc vdj thiæn anden xl.
Er tilsamen —— lj.

www.ingramcontent.com/pod-product-compliance
Lightning Source LLC
Chambersburg PA
CBHW032133230426
43672CB00011B/2323